中公新書 2056

野内良三著

日本語作文術

伝わる文章を書くために

中央公論新社刊

はじめに

本書は文章の書き方の基本に的を絞る。特定の文書――たとえばレポートや論文、ビジネス文書――の書き方を話題にするのではなく、もっと手前にある問題を取り上げる。言い換えれば、本書が問題にするのは文系、理系を問わず、実務、職場、学校、学術など多様な場面に対応できる汎用性の高い文章である。本書ではそれを「実用文」と呼ぶ。

国際化（グローバル化）の高波はアジアのはずれの列島にもひたひたと押し寄せている。こうした情勢を前にして人々は「英語が話せなければ」とか、「論理的に話さなければ」とか声高に叫びはじめた。英語力や論理力を問題にする前に、なにか忘れていませんかとつい言いたくなる。日本語力である。すべては日本語力で決まる。日本語がしっかりしていれば、外国語運用能力も論理思考能力も伸びる。今の時代、日本語力は生きていく上での強力な武器である。しかし、確かな日本語力を手にいれるにはそれなりの修練が必要だ。

わが国のように公用語（国語）を法律で明記していない国も珍しいが、どうも日本人は日本語を粗末にあつかっている。日常生活、教育、学問など広い場面で一つの言語（日本語）だけで基本的に用が足りるということは、世界を見渡しても少ない。日本人は日本語のありがたさを知らなさすぎる。現在の「国語」教育のありかたを見ていると、日本語はほっておいても自然に身につくという発想が根底にあるとしか思えない。国語の時間数が少ない。教え方にも問題がある。あまりにも「文学的」すぎる。「国語」教育はもっと技術的、実用的であるべきではないか。

と、まあ、ああでもないこうでもないと、日頃から日本語について思いをめぐらしているのだが、本書にはそうした私の熱い思いが投影されている。本書はひたすら技術的、実用的な入門書でありたいと思った。目標は「達意」の文章だ。達意の文章とは、こちらの考えていること（意）が正確に相手に届く（達する）文章のことだ。別の言い方をすれば、達意の文章は①読みやすいこと、②分かりやすいこと、③説得力があること、この三つの要件を満たしていなければならない。

達意の文章を書くための基本方針は「外国語を初めて学んだときの姿勢で日本語を見直そう」ということだ。「初心忘るべからず」である。だから、普段なにげなくやり過ごしている基本的なことにも目配りした。文の長さ、読点の打ち方、語順、「は」と「が」の使い分け、段落の立て方などをしっかりと押さえた。特に、論証（説得力）との関連で段落の問題をていねいに説明した。

要するに、本書は学校では教えてくれなかったこと、あるいは教えてくれてたけれどもきちんと教えてくれなかったことを重点的に取り上げた。ずばり、本書のモットーは「型」（パターン）の重視だ。そのことは「定型表現」の扱い方によく示されている。定型表現をここまで取り込んだ文章指南書はこれまでなかったはずだ。Ⅳは「使える」定型表現の集大成である。

本書は、高望みはせずに定型的な文章を書くことでよしとする。一定の言い回し（表現の型）を踏まえれば、誰にもそこそこの文章が書ける。文章を書くとは一定のマニュアルに従って定型表現をつなぎ合わせることだ。世の文章指南書のお勧めやタブーにあちらこちらで異を唱えながら、本書が説くのは「型」を重視する「パッチワーク的文章術」だ。書くことに悩んでいる人々にとって、本書が少しでもお役に立てればうれしい。

＊

本書が成るにあたっては、中公新書編集部の郡司典夫氏にいろいろお世話になった。適切なアドバイスとコメントを頂戴した。本当にありがとうございます。

二〇一〇年四月吉日

著者識

日本語作文術●目次

日本語作文術——伝わる文章を書くために

Design & Typesetting by Shinya Yamada (Studio Pot)

I

作文術の心得——短文道場

§1　書き言葉は「外国語」

●作文に高望みは禁物

作文に独創は必要ない、使い古された言い回しを上手に使いこなせばいい——これが私の文章作法である。

書店には作文術に関する本があふれている。折に触れて読むが、その感想はなんだかんだといいながら文章に対する要求が高すぎるということだ。「個性的な」文章を書けだとか、「品位のある」文章を書けだとか、けっこう高い目標を掲げている。ほんと、これでは書く前からびびってしまいそうだ。

私の狙《ねら》いは相手をうならせるような「うまい」文章を書くことではない。自分の考えが「まっすぐに」読み手に届く文章だ。そう「達意の文章」である。達意とは「意を達すること」、言わんとする内容を十分に相手に分からせることだ。

そのために私が採用した基本方針は、とりあえず日本語を外国語として捉え返してみることだ。「外国語を知らないものは、自分の国語についても何も知らない」とゲーテは言ったが、けだし至言である。日本語だけ見ていても見えてこないものがある。外国語という「外の視点」を通して初めて見えてくるものがある。

●日本語は融通無碍《ゆうずうむげ》

日本語は風呂敷のようになんでも包み込んでしまう便利な言語である。言葉にうるさい識者はいつの時代でも「今の日本語は乱れている」と言い続けてきた。たとえばファッション誌に見られるカタカナ文字の氾濫《はんらん》。しかし、私に言わせればこんな現象は表層の泡みたいなもので、別に目くじらを立てるほどの問題ではない。むしろ日本語のふところの深さを思うべきだろう。たとえばもっと「過激な」例を考えてみよう。

(1)　ユーとアイはトゥモローにトラヴェルする。

確かに珍妙な日本語だが、日本語にはちがいない。いや、漢文の書きくだし文と同様で、英語を少し知っている人には通じる「立派な」日本語である。

日本語はなんでも取り込むだけではない。捨てることも自由自在である。

(2)　（私は）（昨日）（ブティックで）（すてきな）（スカーフを）買った。

⑵の文はカッコの部分を省略して「買った」だけでも日本語として通用する。日本語は述語がありさえすれば、文の条件を満たす言葉だからだ。ヨーロッパ語（英語、仏語など）ではやれ主語だ、やれ目的語だと小うるさいことを言い出すので、こんな手抜きは許されない（最低「私はスカーフを買った」と言わなければならない）。日本語は融通無碍である。

融通無碍といえば語順もそうである。日本語には語順はあってないようなもの、しいて挙げれば次の二つだろうか。

［1］名詞、動詞、形容詞、形容動詞などの述語が文末に置かれる
［2］修飾語が被修飾語の前に置かれる（「スカーフ／すてきな」は不可ということ）

試みに例文の⑵をこの規則に従ってシャフルしてみるといい。語順を変えてもなんの支障もない。こんな芸当ができるのは、日本語には「てにをは」という重宝なツール（助詞）があって、語と語の関係を明示してくれるからだ。だが、この融通無碍は諸刃《もろは》の剣《つるぎ》だ。一歩間違えれば曖昧《あいまい》さの温床になる（語順の問題は後述する）。

●「話すように書け」は真っ赤な嘘

日本語にはもう一つ注目すべき特徴がある。発話環境依存性だ。発話環境依存性とは大仰な術語だが、要するに言葉が使用されるときに周囲の情報（暗黙の前提、話の流れ、相手の応答、身ぶりなど）に助けを求めるということだ。書き言葉よりは話し言葉のほうがこの恩恵にあずかる。発話環境に依存すればするほど、言葉数は少なくてすむ（とどめは以心伝心）。だから次のような隙間だらけの発言も許される。

(3)　（政局が）難しい時でもあるし、（総裁人事は）なるべくすんなり（決めたい）と（私は）思っている。

本来「書く」ということはヨーロッパ語のように、発話環境に寄りかからず、情報はなるべく言語化することである。(3)の例でいえば、カッコ内の情報を省略せずにきちんと書き込むことである。書くときに感じる、あのなんとも言えないうっとうしさ、気の重さは、この言語化の煩わしい手続きに起因する。

みなさんのなかには多分こんな経験をおもちの方がいるにちがいない。頭のなかではきちんとまとまっていたはずの考えがいざ書く段になったら、取り留めもないものになってしまった。あるいは、うまく話せた内容を文章にしようとしたら、とたんに言葉に詰まってしまった。あら、不思議である。しかし、実は不思議でもなんでもない。話し言葉と書き言葉は別なのだから（とりわけ日本語はその隔たりが著しい）。なまじ同じ日本語だと思うから無用な混乱が生じる。話し言葉から見れば書き言葉は「外国語」である。書き言葉には書き言葉の「文法」がある。話すようには書けないのである。

個性や独創性を謳《うた》う「話すように書け」、「思ったように書け」——思えば、この「有名な」スローガンこそが「躓《つまず》きの石」であった。このスローガンを捨て去ることから、「書くこと」の展望はひらけてくるだろう。

§2　書くとは「引用」

●レトリックを見直す

レトリックは古代ギリシアにはじまり、二千年以上の古い伝統をもつ学問（技術）である。しかしながら、十九世紀末には知の表舞台からいったん姿を消した。ところが、大衆化、情報化時代を迎えて説得の重要性が見直されるにつれて、不死鳥のようによみがえってきた。

レトリックというと日本では「修辞学」と狭く受け取られているようだが、本来は知性と感情の両面に訴えかける「総合的な」説得術である。

レトリックは次の五部門からなる。

［1］発想（発想法）
［2］配置（構成法）
［3］修辞（表現術）
［4］記憶（記憶術）
［5］発表（演技術）

つまり、人を効果的に説得するにはどんなふうに話題（アイデア）を探したらいいのか（「発想」部門）、どんなふうに話を組み立てたらいいのか（「配置」部門）、どんなふうに言葉を使ったらいいのか（「修辞」部門）を取り上げた。また、昔のレトリックは口演（口頭発表）を想定していたので当然のことながら、「記憶の仕方」や「発表の仕方」も問題にした（「記憶」部門と「発表」部門）。

しかし時代がくだると、十五世紀の活版印刷の発明以来「書くこと」の重要性が増して、いきおい口頭弁論の役割が小さくなった。それにつれて、いつのまにか第三部門の「修辞」が突出して、レトリックを代表する結果になった。つまり、「発想」と「配置」は「修辞」の前段階と見なされるようになったのだ。そのせいだろう、今ではレトリックといえば「修辞学」を思い浮かべる人のほうが多い。

作文術との関連でいえば、初めの三部門にとりわけ注目しなければならない。この三部門は作文術では次のように翻訳される。

［1］なにを書くべきか（話題の選択）
［2］どういう順序で書くべきか（文章の組み立て）
［3］どのような表現で書くべきか（言葉の練り上げ）

これらは効果的な説得を生み出すプロセスにほかならない。発想、配置、修辞――レトリックは技術的問題に注目する。なぜだろうか。

●レトリックに学ぶ

文章は「面白くて、ためになる」ことをもって最上とする。「面白い」は芸術文の目標、

「ためになる」は実用文の目標と言えないことはない。いずれにしても、内容がものをいう。つまり、内容がよければ書き方（文章の出来ばえ）はあまり問題にならない。もちろん、面白くてうまく書かれていれば、鬼に金棒だが、そうは問屋がおろさないだろう。まあ、「面白い」か「ためになる」か――そのどちらかであれば、よしとすべきだろう。面白ければ役に立つ情報が少なくても文句はないだろうし、有益な情報が得られれば面白くなくても我慢するだろう。

問題はどちらでもない場合である。つまり、まったく面白くないか、まったく役に立たないケースは問題外だが、そこそこの面白さ、あるいはそこそこの有益さをもっている場合である。しかも恐らくは、このケースがいちばん多いはずだ。このときは「いかに」が死命を制する。

なにを書くべきかについては一般論が成り立たないけれども、「いかに」書くべきかについては一般論が成り立つ。確かに、効果的な「書き方」というものはある。本書は、書きたいことはあるけれども、それをいかに文章にしたらよいのか困っている読者を主に念頭に置いている。

ところで、古典レトリックでは、「発想」は必ずしも新しい内容を考え出すこと、つまり発明を意味しなかった。むしろ、すでにあるものを発見することであった。前例のなかから自分の言説に役立つアイデアを見つけ出すこと、現代風に言えば参考ファイルから必要な情報をうまく選び出すことであった。それは、あるいは類型的な論法であり、あるいは類型的な論拠であり、あるいは類型的な問題提起であった。たとえば被告の有罪を主張するときは「不幸な生い立ち」を持ち出して追及するとか(現代とは異なって、昔のヨーロッパでは「不幸な生い立ち」は子供の心をねじ曲げてしまうと考えられていたので、有罪の有力な状況証拠だった)。

●パッチワーク的作文術

先に見たレトリックのスタンスを作文術に引きつけて言い直せば、個性的な文章を書くこと、独創的な文章を書くことは必ずしも必要ではないということだ。むしろ定型的な文章を書くことで満足した。一定の言い回し(表現の型)を踏めば、誰にもそこそこの文章が書ける。文章を書くということは、一定のマニュアルに従って「決まり文句」を組み合わせることである。だから、文章を書くということは無限の可能性を秘めた大理石からまったく新しい像を刻み出す(創造行為)というよりは、説明書に従って模型を組み立てる(模倣行為)といったほうがむしろ正しい。もちろん、説明書にないちょっとした工夫を施すことはいっこうに差し支えない。というよりか、そのほんのわずかの工夫を「個性」と呼び、「独創」と呼んだのだ。ただ、それはあくまでもオマケみたいなもので、あれば目っけものというにすぎないけれども。

本書の冒頭で私は、「作文に独創は必要ない、使い古された言い回しを上手に使いこなせばいい――これが私の文章作法である」と書いた。実をいえば、この文章作法を私は古典レトリックから学んだのである。

ところで、なにを隠そう、私は「書くとは引用である」と信じている人間である。きっと、この発言は奇をてらったものと聞こえるかもしれない。世間では独創的で個性的な文章を書くことがよいことだと推奨されているからだ。しかしながら、独創的で個性的な文章を書くには、それなりの持って生まれた才能とセンスが要求される。「名文」を書くことができるのはごく一部の限られた人間だけに許される特権だ。神様は公平ではない。だから、重ねて言う。作文に高望みは禁物である。

だが、諦《あきら》めるのはまだ早い。作文に対する考え方を改めればいいのだ。「文を作る」と考えるから気が重くなるので、「文を借りる」と考えれば気が楽になる。大方の予想に反して、文章を書くとは「無からの創造」ではない。すでに在るものをいかにうまく利用するかの問題だ。文を盗む、いや拝借すること――文章に対するこのスタンスを私は「引用」と呼んだまでである。文章はカタチからはいる、これが大切である。

私が提案するのは「パッチワーク的作文術」である。同じ材料でもちょっとした工夫や取合せの妙（レシピ）でずいぶんと違ったものになる。

§3　文章指南書の教えを鵜呑みにするな

●文章指南書おすすめ五つの心得

私の「パッチワーク的作文術」は世の文章読本のおすすめやタブーにちょくちょく異を唱える。そこでまず、そのおすすめやタブーをざっと確認しておこう。とは言ってみたが、実はその確認作業は斎藤美奈子が『文章読本さん江』（ちくま文庫、二〇〇七年）のなかですでに手際よくまとめている。「屋上《おくじょう》屋《おく》を架す」の愚は避けよう。斎藤は八十二冊の文章術の本を読破して、次のような「文章読本が説く五大心得」なるものを引き出した。

その一　分かりやすく書け
その二　短く書け
その三　書き出しに気を配れ
その四　起承転結にのっとって書け

その五　品位をもて

「その一」と「その二」はまったく同感だが、ほかの三つはちょっと引っかかる。いや、ちょっとではない、すごく引っかかる。

まず「書き出しに気を配れ」。斎藤が引いた文例に「名文になるか、悪文になるかは書き出しで決まる」とある。本書は別に名文を目指しているわけではないけれども、ほんとうにそうかとツッコミ（反論）を入れたくなる。書き出しの平凡な名文なんていくらでもある。「国境《くにざかい》の長いトンネルを抜けると雪国であった」という余りにも有名な書き出しをものした川端康成は『山の音』という別の名作を残しているが、その書き出しは「尾形信吾は少し眉を寄せ、少し口をあけて、なにか考えている風だった」である。あるいは「木曾路はすべて山の中である」（『夜明け前』）という評判の書き出しを残した島崎藤村は『破戒』を「蓮華寺《れんげじ》では下宿を兼ねた」という平凡な文ではじめている。書き出しはすばらしいに越したことはない。でも、当たり前の話だが、もっと大切なのはそのあとだ。どう発展させるかが問題なのだ。

次は、「起承転結にのっとって書け」だ。話の展開はなにも起承転結にのっとる必要は毛頭ない。これはもともと漢詩の作法である。実用文の場合は話題を「転じる」のではなくて、むしろ「展じる」(=展開する)べきだ(起承転結の問題点は§25で詳しく論じる)。それに、窮屈に四段構成にこだわる必要はない。何段構成になるかは話題次第である。

最後の「品位をもて」にいたっては噴飯ものだ。この心得の重要性を強調したのは谷崎潤一郎の『文章読本』(中公文庫、一九七五年)だが、小説家の本音がぽろりと出たのかと思いきや、そうではなかった。けっこう信奉者が多いらしい。「天声人語」の元筆者、辰濃《たつの》和男《かずお》も次のように書いている。

文章の品格というものは、技術を超えたところにあります。文章技術はむろん大切です。が、それだけでは「品格」という巨大なものを肩にかつぐわけにはいかない。人間全体の力が充実しないと、肩にかつぐことはできないもののようです。

(『文章の書き方』岩波新書、一九九四年、一七五—一七六ページ)

「文は人なり」(元のフランス語は「文体は人間そのものである」という意)の行き着くところはこの道徳主義だろう。「技術を超えた」高邁《こうまい》な心を文章に求めるのは筋違いというものだ。古来、品性下劣な人間でも、ひとたび筆を取らせれば「品位」、「品格」を帯びた文章を書く例は少なくない。この心得自体は笑ってすますことができるが、実はこの心得は根が深い。

「新奇な語（新語・流行語・外来語など）を使うな」とか、「紋切り型を使うな」とか、「軽薄な表現はするな」というタブーにつながっていくからだ。

「分かりやすく書け」と「短く書け」については追って話題にすることにして、この三つのタブーに関連する話を次に取り上げたい。

●文章に対する文士の姿勢

最近、大久保房男『日本語への文士の心構え』（アートデイズ、二〇〇六年）という本を興味深く読んだ。著者は長年文芸誌に携わった元編集長で、言葉にすこぶる厳格である。現在の日本語の乱れを憂え、多くの事例を挙げて警鐘を鳴らしている。特に私の関心を引いたのは文壇の「戒律」だった（ここで言う「文壇」は文筆家の集団という普通の意味ではなく、純文学の文士が形づくる狭い集団のことだ）。その戒律とは次の三つである。

［1］常套句《じょうとうく》を使うな
［2］オノマトペを使うな
［3］記号を使うな

著者は「私が二十年間の文芸編集者として文士から文章を書くいろいろの心掛けを聞いているうちに、右の三つの戒律があることがわかった」と説明している。この戒律自体は目新しいものではないけれども、言葉にうるさい御意見番の指摘だけに重みがある。ああ、やっぱりそういうことだったのか、と私は納得した。

この三つのタブーは文章のオリジナリティーや品位に深く関わっている。話の都合上、逆の順序で取り上げることにする。

まず[3]だが、具体的には「　」『　』以外は使用不可ということだ?!（もちろん、こんな記号の使い方はご法度《はっと》です）。恐ろしく潔癖である。その心は、記号に頼らずあくまでも言葉で勝負――表現を工夫――せよ、ということだ。それと表立っては口にされていないが、記号――疑問符、感嘆符、カッコ、リーダー、ケイなど――は横文字からの輸入品で、漢字や仮名と相性が悪く、紙面が見苦しくなるという美意識も働いているようだ。いずれにせよ、せっかく便利な補助手段が目の前にあるのに使わないという法はないだろう。すでに気づかれた向きもあるかもしれないが、私はカッコとケイをよく使う（この二つの記号は縦書きにした漢字・仮名とわりに映りがいいようだ）。この二つの記号は注釈、補足説明など――別の視点の導入――の役目を果たし、文章に奥行きと変化を与える。また、場合によっては劇における傍白《ぼうはく》のように読み手への語りかけにもなる。記号は必用なら遠慮なく使えばいい（この段落は見本の意味で、記号をあえて多用した)。

次に[2]。オノマトペは二種類から成り、外界の音を転写する擬音語(わんわん、みしみし)と、生物・無生物の動き・状態(ときに人間の心の状態)を表す擬態語(ひらひら、うじうじ)がある。多用すると品がなくなったり、稚拙《ちせつ》な感じを与えたりするのでとかく目のかたきにされるが、その効果は捨てがたい。そもそも、日本語は動詞の表す意味がいったいに漠然としているので、オノマトペに訴えることで明確化=活性化できる(風がひゅうひゅうと吹く)。文章のプロはいざ知らず、普通の人がオノマトペを使いすぎるという恐れはまずない。積極的に使うべきだろう。文章が生きてくること受け合いである(オノマトペについては§27で再論する)。

最後に[1]だが、これが問題である。元編集者いわく、「三つのうち、文壇で、最も厳しく言われていたのは、常套句を使うな、といういましめである」と。このタブーはオリジナリティーを要求される作家の文章には確かに当てはまるかもしれないが、達意を目指す実用文にはどうだろうか。やはり当てはまるというのが世の文章指南書の答えだ。常套句を使うな——どの指南書も異口同音に賛成する。だが、私に言わせれば、そんな「いましめ」なんかぜんぜん気にする必要はない。どんどん使えばいい。「表現の型」をまず覚えることが文章上達の王道だからだ。オリジナリティーとか個性とかが問題になるのは、「型」を十分にマスターしてからのことだ。ずっと先の話である。

「常套句」と言うから聞こえが悪いので、なんなら「伝統的表現」と言い直せばよろしい。伝統的表現をうまく使いこなすことがよい文章を書く秘訣《ひけつ》だ。明治の人がきちんとした文章を書けたのは、漢文なり古典なりのしっかりした日本語の素養があったからだ。次に引く、山本夏彦の樋口一葉評はその事情をよく伝えている。

一葉は数え二十五で死んでいる。二十四や五でどうして「たけくらべ」以下のような美しい文章が書けるのだろうと怪しむ人があるが、書けるのである。あれは一葉ひとりで書いたのではない。平安以来千年の伝統が尻押しして書かせたのである。

あの時代の女流は年上の田辺花圃《かほ》（のち三宅雪嶺夫人）でも年下の小山内八千代（のち岡田三郎助夫人）でもみんな一葉みたいな文章を書いたのである。ただ残っていないだけである。

（山本夏彦『完本 文語文』文春文庫、二〇〇三年、四五ページ）

手垢にまみれた、型にはまった、月並みな表現については「慣用句」、「常套句」、「決まり文句」、「紋切り型」などと色々な呼び方があるが、今後これらを一括して「定型表現」と呼ぶことにしよう。

§4 定型表現のリサイクル

●こなれた日本語のために

私は、はなはだ評判のかんばしくない定型表現の肩をもつ。実をいえば、それには私の個人的体験がからんでいる。

私は三十代の半ば頃、フランスの大衆小説（ルパンもの）を訳すことになった。その翻訳は、今はなくなった旺文社文庫にはいる予定だった。専門関係の仕事はいろいろ経験したが、多数の読者を想定する仕事はこれが初めてだった。この仕事を紹介してくれた恩師から「分かりやすい、こなれた日本語で訳すように」と釘を刺された。正直いって私はとても不安だった。日本語に自信がなかったからだ。こんなことを言い出すと事情にうとい人は驚くかもしれないが、翻訳のよしあしを左右するのは、最終的には訳者の日本語力である。だから私は不安だった。

余計な心配ばかりしていてもらちが明かないので、こなれた訳文を作るための言い回しを集めようと、私は大衆小説（柴田錬三郎やつかこうへいなど）、とりわけ推理小説（横溝正史や江戸川乱歩など）を読みはじめた。使えそうな表現を片端からカードに取った。使ったカードはかなり大きめのもの（六・四センチ×九センチ、B5の紙を三回折った大きさ）を使った。市販のものはすべすべしすぎるので、画用紙を買ってきて自分で切って作った（後には文房具店に注文した）。大きめにしたのはあとで色々書き込みをする便宜のためだった。

そんなふうにして集められたのはほとんどが定型表現だった。たとえば「敵の喉笛に飛びかかる」、「二度と日の目を拝むことはできない」、「どこをどう押したらそんな言葉が出てくるのか」、「話の接ぎ穂を失う」、「力瘤《ちからこぶ》を入れる」、「四《し》の五《ご》の言うな」、「思案投げ首」、「徒《あだ》やおろそかにできない」、「知らぬ顔の半兵衛を決め込む」など。

●定型表現の効用

つまらない表現もずいぶん拾っているのだが、とにかくこの作業はとてもためになった。私にとってこの体験は一つの転機になった。それまでどちらかというと漢語を鏤《ちりば》めた硬い文章を書いていたのが、この翻訳をしてから私の文章がやわらかくなった。和語（平仮名）や慣用句が多くなった。カードをせっせと作ったおかげである。

いくら文章を読んでも読みっぱなしでは、あとに残るものは少ない。定型表現はうろ覚えでは使いものにならない。外国語の単語や言い回しを一生懸命覚えなければならないのと同様に、母語でも仕込みが肝心なのだ、と私は痛感した。あとにして思えば、あのとき私は日本語を「外国語」として学び直していたのだ。「外国語」としての日本語作文術を言い出すようになった切っかけは、この時の体験にある。

この翻訳のあとも、これはと思った表現に出会うとカードに書きとめるようになった（この機会に初めて数えてみたが、しめて約四千三百枚、たぶん三千枚以上は翻訳をした時のものだ）。文章上達法として「名文を読め」とはよく言われるが、私としては「定型表現を暗記せよ」と言いたい。ちなみに、定型表現を仕込むには大衆小説を読むのが一番だ（前節で触れたように純文学は定型表現を避ける）。特に横溝正史がおすすめである。

ところで、定型表現の効用とはなんだろうか。文章がやわらかくなることだ。おとなしくなることだ。たとえば「やっと雨が降った」と言う代わりに「いいお湿り」と言ってみよう。あるいは「あの男とは感情的にどうも衝突する」を「あの男とはウマ／ソリが合わない」と言い換えてみよう。同じことを言っても、ずいぶんと印象が違ってくる（好みの問題もあるが、文章はちょっぴり古めのほうが落ち着く）。

なるほど定型表現はいいことずくめではない。表現の手間を省いてくれる代わりに、月並みとか平板とかの非難が待っている。たとえば「入場待ちの観客が延々長蛇の列を作っている」、「その女性には匂い立つような色気がある」、「青筋を立てて怒る」などと表現すればくだくだしい説明は不要で、それなりのイメージが伝わる。しかし、作文術ではこの種の定型表現を避けなさいと口を酸《す》っぱくして忠告する。具体的なイメージを結べるように、もっと対象を観察して表現を工夫しなければならない、と。お説ごもっともである。なるほど、そうしなければならないことはあるかもしれない。しかし、いつもというわけではないだろう。たいていの場合は定型表現で用は足りる。改めて言う。定型表現は遠慮なく使おう。

最後に、定型表現の上手な使い方を紹介する。先手を打って定型表現であることを断って使えばいいのだ。たとえば「しかし、好事魔《こうじ》多しとやら、……」、「可愛さ余って憎さ百倍とはこのことで、……」、「雀百まで踊り忘れずの類いで、……」、「血は争えぬと言うが、……」、「苦みばしったという形容にぴったりの男前」、「深窓の美姫《びき》もかくやと思わせるような女」、「使い古された喩えだが、まさに白魚さながらの美しい手だ」（宮部みゆき『楽園』）。

ご覧のとおり、定型表現も工夫次第でリサイクルが可能だ。定型表現は引用めかして使うのがコツだ。ただし、連発するとお手軽な感じを与えるので、さりげなく小出しに使いたいものである（いま名前を挙げた宮部みゆきは、定型表現の使い方が実にうまい。ぜひ作品に当たられるといい）。

§5　短文で分かりやすく

●短文は悪文を退治する

文章指南書がすすめる「分かりやすく書け」と「短く書け」については追って話題にすると予告した。ここでこの問題を俎上《そじょう》に載せることにしよう。

たぶん読者も気づかれたと思うが、私の文はいったいに短い。むろん、これは意識的にやっていることだ。どの文章読本も判で押したように「短い文」をすすめる。私もまたすすめる。明晰《めいせき》な日本語をつづるには、文の長さと語順に留意しさえすればいいというのが私の年来の持論である（語順については次節で取り上げる）。なぜ「短い文」なのか。「短い文」を心がければ、悪文の条件はほぼクリアすることができるからである。

職業柄、私は学生のレポートによく付き合わされるが、どういうわけか、とにかく文が長い。長いというよりか、だらだらとして締まりがない。「短い文を書くように」と口を酸っぱくして言うのだが、かわりばえのしない長い文を書いてくる。私は簡単に考えていたのだが、学生たちの相も変わらぬ対応を前にしてあるときハッと思い当たった。「短く書くこと」は単に文を切るだけの問題ではない、どうやら「思考の流れ」と深く関係しているらしいということに。考えがしっかりまとまっていないから、文が長くなるのである。

よく考えてみれば、思考は「流れている」のだから、むしろ「切れなくて」当然だ。§1で「思ったように書け」という作文教育のスローガンに異議を唱えたが、少し違った意味合いではあるけれども、学生たちは「思ったように」書いているのだ。短文を書くことは、いわば「思考の流れ」に節目を入れることだ。もともとつながっていた思考をいったんバラして、組み立て直すことだ。「切って、つなぎ合わせる」にはマクロの視点が要求される。初めは努力を要するかもしれないが、これはぜひとも自分のものにしたいテクニックである。短い文を心がければ悪文の七、八割は退治することができる。短い文の上限は句読点込みで五〇字から六〇字である。

ただ、念のため注意しておくが、そのほうが書きやすいということであれば、下書きのときは長い文で書いてもいっこうに差し支えない（この注意はこのあとで問題になる語順や句読点についても同様だ）。誰も下書きを見せろとは言わない。推敲《すいこう》の段階で短くすればすむことである。

●長文撃退法

どうしたら長文を撃退できるか、その方法をお見せしよう。ただし、（今後もそうであるが）文章指南書がよくやる素人の作例は絶対に使わない。あれはやっている本人はご満悦かもしれないが、一種の弱いものいじめだ（合意が成り立っている、学校やカルチャーセンターのような教育現場では話は別だが）。大物に登場願おう。

文章を綴る場合に、まずその文句を実際に声を出して暗誦し、それがすらすらと云えるかどうかを試してみることが必要でありまして、もしすらすらと云えないようなら、読者の頭に這入《はい》りにくい悪文であると極めてしまっても、間違いはありません。現に私は青年時代から今日に至るまで、常にこれを実行しているのでありますが、こう云う点から考えましても、朗読法と云うものは疎《おろそ》かに出来ないのでありまして、もし皆さんに音読の習慣がありましたら、蕪雑《ぶざつ》な漢語を無闇に羅列するようなこともなくなるであろうと信ずるのであります。

（谷崎潤一郎『文章読本』中公文庫、一九九六年、四四ページ、旧字体は新字体に、旧仮名遣いは新仮名遣いに改めた、以下同様）

さすがに文豪である。ゆったりとした構えの大きな日本家屋を思わせる長文である。しかし、長文とはいっても頭にすらすら入ってくる（なんとなく通じるが、「蕪雑」は少し難しい漢語かもしれない。雑然としてととのっていないこと。現在ではできれば避けたい漢語だろう）。なぜだろうか。

文章の骨組みがしっかりしているからだ。こうした長文を書くには相当の文章力（文才）が必要である。真似ないほうが無難だ。最初の文は一一三字、あとの文は一三二字である。実用文としては長すぎる。どうしたらいいか。この場合はもとの文の骨組みがしっかりしているから、必要な作業はごく簡単だ。ただ切ればいい。ついでに「であります」調をやめて現代風の表現で書き直すと、次のような文になる。

文章を綴る場合に、まずその文句を実際に声を出して暗誦し、すらすらと言えるかどうか試してみることが必要である。もしすらすらと言えないようなら、読者の頭にはいりにくい悪文であると極めてしまっても、間違いはない。現に私は青年時代から今日に至るまで、常にこれを実行している。こういう点から考えても、朗読法というものは疎《おろそ》かにできない。もし皆さんに音読の習慣があれば、場違いな漢語をむやみに羅列するようなこともなくなるだろうと信じる。

むろん、原文の品位はなくなってしまったが、しかしすでに注意したように実用文に品位は特に必要ない（もちろん、あるに越したことはないけれども）。一文にあれもこれもと欲張らないで「一文一意」、「短文＝単文」を心がけるべきである。

谷崎の文章をわざわざ引いたのは、実は別の狙いもあった。ここで谷崎がすすめている「音読」は文章を推敲するときに非常に大切なことである。書き終えた文章は必ず声に出して読んで、確認する習慣をつけるとよい。できれば人に読んでもらい、自分の耳で確かめるのがさらによい。読みづらい個所はたいてい文の組み立て方か、言葉づかいに難点がある。

リズムなんて詩の世界のことで、散文の世界には関係がないと思い込んでいる人も多いにちがいない。だが、それは誤解というものだ。文章は意味だけではなく音も大切だ（耳に快い五・七調や七・五調のことを言っているのではない）。メリハリのある文章は説得力を増す。

リズムに関連してちょっと注意を促しておきたいことがある。それは、場合によっては文章のリズムを調えるために、一見むだと思える語句（冗語）をそっと挿入することがあるということだ。冗語として使われるのは程度を表す副詞（少し、とても）だとかオノマトペが多い。むろん強意という意識が働いていることもあるが、音調のためという場合もけっこう多い（この「けっこう」、あるいはこの段落の冒頭文にある「ちょっと」は冗語的かもしれない。第二文中の「そっと」は冗語のオノマトペのつもりだが、その首尾はどうだろうか）。繰り返すが、文章は意味だけではなく音も大切である。

推敲のための音読はぜひお試しあれ。文章の欠陥が一読（一聴）して明らかになること受け合いである。

つい話が脇に逸れてしまった。長文撃退法に戻ろう。今度は少し問題のある長文を例に挙げる。次は、定型表現採集のところで推奨した横溝正史の文章である。

いったい一柳家のある岡――村と、銀造が果樹園をやっているところとは、さしわたしにして十里にも足りないみちのりだが（①）、乗り物の都合のわるいところで（②）、ここへ来るためにはいったん玉島線へ出て（③）、そこから山陽線の上り列車に乗り（④）、倉敷で伯備線に乗りかえ（⑤）そして（⑥）清――駅でおりると、そこからまた一里ほど逆に帰らなければならない。銀造や克子もその道順でやって来たし（⑦）、耕助も同じ径路を辿ってやって来たのだが（⑧）、その耕助が、高――川を渡って川――村の街道へさしかかったときである。俄《にわ》かに騒がしい叫び声がきこえたかと思うと、人々が口々に罵《ののし》り騒ぎながら、くの字なりに曲がった街道の向こうへ走っていくのが見えた。

（『本陣殺人事件』角川文庫、一九七三年、八四ページ）

作家だからといっていつもすばらしい文章を書いているわけではない。私は例文は悪文だと判定する。学生がこのような文章を書いてきたら間違いなく朱を入れる。この文には悪文の主役が勢揃いしている。

［1］　無用な「が」
［2］　中止法の連続
［3］　安易な接続語（接続助詞・接続詞）

①と⑧が無用な「が」、②〜⑤が中止法の連続、⑥が安易な接続語である。
中止法は少し説明が必要かもしれない。中止法は文例のように動詞や形容詞や助動詞の連用形、あるいはそれに「て」、「で」などをつけて、いったん中止して、さらに文を続けていく用法である。これを使うと文はいくらでも長くなる。⑦のように一回にとどめるべきだろう（せめて二回までだ）。
以上の注意を踏まえて文例を直せば、次のようになる（冗語も挿入した）。

いったい一柳家のある岡──村と、銀造が果樹園をやっているところとは、さしわたしにして十里にも足りないみちのりだ。しかしながら、乗り物の都合がひどく悪い。ここへ来るためにはいったん玉島線へ出る。そこから山陽線の上り列車に乗り、また倉敷で伯備線に乗りかえ、清──駅でおりる。でも、そこからまた一里ほど逆に帰らなければならない。銀造や克子もその道順でやって来た。耕助も同じ径路を辿ってやって来たのだ。ところが、その耕助が高——川を渡って川——村の街道へさしかかったときである。俄かに騒がしい叫び声がきこえたかと思うと、人々が口々に罵り騒ぎながら、くの字なりに曲がった街道の向こうへ走っていくのが見えた。

長い文を切ろうとすれば、おのずと文の要素の論理関係をきっちりと考えなければならない。そこで訂正例のようにあらたに「しかしながら」、「でも」、「また」、「ところが」を追加しなければならないような事態も出てくる。

接続語の使用については意見が分かれる。「日本的」名文派は接続語を極力使わないようにと助言する。正確な情報を旨とする実用文派はむしろ論理関係を明示するために使うことをうながす。私自身は接続語と指示語（文例では「そこから」が二度も使われていた）はなるべく使わないほうがいいと思っている。しかしながら、文が曖昧になるよりは、うるさくても遠慮なく接続語と指示語を使うことをおすすめする。短文＝単文の積み重ねと適切な論理関係の指示——次に挙げる二文はその条件を満たしている。

NRA〔全米ライフル協会〕はまた、「人は銃をもつことで犯罪の被害にあうのを防ぐことができる」と主張する。しかし、護身用の銃が役立たないことはさまざまな調査結果が示している。司法省の犯罪被害者レポートによると、護身用の銃で犯罪者に立ち向かった人たちの五人に一人は負傷、あるいは殺されたりしている。百戦錬磨の犯罪者に反撃するには、かなり射撃の腕を磨いておかなければ勝ち目はない。その一方で、銃を持たずに犯罪者に対応した人の大多数は無傷で難を逃れた。

（矢部武『アメリカ病』新潮新書、二〇〇三年、一五五ページ）

実際に歴史をひもといてみれば、メキシコからのテキサス割譲や、パナマ運河の建設など、アメリカはお世辞にも道義的とはいえないようなこともたくさんやっている。それでもアメリカは、みずからの正しさにはナイーブなほどにこだわりを見せる。たとえばキューバ危機のケースがある。冷戦さなかのキューバにソ連のミサイルが持ち込まれたとき、ケネディ大統領は閣議の席上、いったんは直接攻撃に傾く。しかし弟のロバート・ケネディ司法長官の「アメリカは真珠湾をやっちゃいけない」の一言で思い止まる。その結果、海上封鎖というオプションを選択する。

（吉崎達彦『アメリカの論理』新潮新書、二〇〇三年、五七ページ）

だが、実際問題として込み入った複雑な内容を記述しなければならない場面に直面することがある。短文＝単文ではどうしても処理できない。その場合はどうすればいいか。次の三つのテクニックを使うと、文をすっきりさせることができる。

［1］予告する
［2］箇条書きにする
［3］まとめる（「要するに」、「つまり」、「以上のことをまとめれば」、「大事なことは」など）

特に［1］と［2］は効果的だ。たとえば、先ほど挙げた横溝の例文を次のようにする（もちろん、この場合ここまでする必要はないけれども）。

乗り物の都合がわるい。ここへ来るためには何度も乗りかえなければならない。
(1) まず玉島線へ出る。
(2) そこから山陽線の上り列車に乗る。
(3) また倉敷で伯備線に乗りかえる。
(4) 清――駅でおりる。

(5)　おりてから一里ほど逆に帰る。

この三箇条はぜひしっかりと心に刻み込んでほしい。

§6　文の単位は長い順に並べる

●日本語の語順

本書の初めで日本語の語順について少し触れた。語順がはなはだ自由であること、その自由さが一歩間違えば曖昧さの温床にもなることを注意した。ここで語順の問題をきちんと取り上げることにしよう。

すでに紹介したが、日本語には語順について次の二つの規則しかない。

［1］名詞、動詞、形容詞、形容動詞などの述語が文末に置かれる
［2］修飾語が被修飾語の前に置かれる

絶対に守らなければならない規則はこの二つだけだ。実をいうと語順についてはほかにもう一つ、「読みやすさ・分かりやすさ」の規則がある。しかしながら、これは絶対的なものではない。というよりも、この規則についてはその存在さえ知らない人が多いのではないか。学校では教えてくれないからだ。しかしこの規則を知っているのと、知らないのとでは大きな違いが出てくる。知っていると曖昧な文を書かないですむ。分かりやすい文に書き換えることができる。文章を読んでいてちょっと引っかかるなと感じたときは、この規則に違反していることが多い。能書きはこのくらいにしよう。

「読みやすさ・分かりやすさ」の規則はごく簡単である。

[3] 文節（文の単位）は長い順に並べる

「なに、これ?」と思われた方も多いだろう。

まず「文節」を説明しておこう。文節とは合いの手（ネ、ヨ、サ）を入れることができる文の単位で、学校文法では小さい単位に注目するが、作文術ではもう少し大きい単位が問題になる。たとえば「彼は友人たちと先週の日曜日に桜の名所として知られる吉野を訪れた」という文を学校文法的に文節に分ければ次のようになる。

(1)　彼はネ友人たちとネ先週のネ日曜日にネ桜のネ名所としてネ知られるネ吉野をネ訪れた。

作文術では、もう少し大きな意味単位に注目する。言い換えれば二つ以上の文節（連文節）からなる、比較的自立した文の単位も視野におさめる。意味的にまとまっているので、文の中でその位置を変えることができる。(1)の文でいえば、「先週の」、「桜の」、「名所として」、「知られる」は、これだけを取り出してほかの場所へもっていくことはできない。しかし、意味的にまとまっている「彼は」、「友人たちと」、「先週の日曜日に」、「桜の名所として知られる吉野を」、「訪れた」は移動可能である。作文術が問題にするのはこの意味的にまとまりのある文節である（以下、「文節」とか「文の単位」と言う場合はこちらを指している）。文節（文の単位）はその位置を変えることができる。たとえば次の二文を読み比べてほしい。

(1)　(彼は)／友人たちと／先週の日曜日に／桜の名所として知られる吉野を／訪れた。
(2)　桜の名所として知られる吉野を／先週の日曜日に／友人たちと／(彼は)／訪れた。

[1]の規則から述語の「訪れた」は動かせないが、他の文の単位（四つ）はどこにもっていっても差し支えない。計算上は四×四で十六通りの組み合わせが考えられるが、その両極端をとって(1)は小さな単位から大きな単位へ、(2)はその逆に並べたものだ。さあ、どちらが読みやすいだろうか。

答えは(2)のはずだ。ただ、なかには「彼は」という主語が文頭にあるのに引かれて、(1)と答えた人もいるにちがいない。この問題についてはこのすぐあとで話題にするとして、主語「彼は」を落としたかたちで比べれば、今度は(2)のほうがすらすらと頭にはいってくるだろう。日本語の主語は省略可能なことからも分かるようにヨーロッパ語のように主役ではない。必要なら補う「補語」（修飾語）にしかすぎない。脇役である。主役はあくまで述語である。述語はどうしても文末に置かなければならないが、そのほかの単位はどこへ置こうが原則的には自由である。日本語は被修飾語である述語に、必要に応じて主語だとか、目的語だとか、副詞句などが修飾語としてかかっていくという統語構造をもっている。そうだとすれば、文節の大きさだけを基準にして語順を決めるのは日本語の論理にはかなっているわけである。「長い文節を前に出す」ようにすると日本語は読みやすくなる。(1)と(2)のような単純な文ではその違いがはっきりと感じ取れないかもしれないが、もっと複雑な文になればその差は歴然としたものになる（その例はあとに出てくる）。

ただ現在、読みやすさの問題とは別のところで⑵のような語順は微妙な問題を提起している。翻訳調あるいは最近の作文指導の影響だろうか、最近の日本語は主語を前に出す傾向が見られる。そのため、「主語の後出し」は若い世代にとっては抵抗感があるらしい。あるいは「古い」と感じられているようだ。すでに説明したように日本語の主語は「補語」にしかすぎないのだから、主語を頭に置く必要は微塵《みじん》もない。「主語は頭に」の作文指導は日本語の実態とはそぐわない。こういう場合に主語を文頭に置くと、述語にたどり着くまでにいろいろな単位（文節）が割り込んできて、いらいら感がつのる（と私なら感じる）。「主語は頭に」の作文指導を受けてきた読者にも、少なくとも⑵のような「主語の後出し」は日本語の本来の姿なのだということは、このさい知ってほしい。「主語は頭に」がお好きであれば、それもけっこうであるが、そのあとは「文節は長い順に並べる」がおすすめである。

●日本語とヨーロッパ語では文の展開が異なる

日本語の統語構造はヨーロッパ語の統語構造と比較すると、その本質が非常によくあぶり出される。乾電池の配列にたとえれば、文の流れがヨーロッパ語は「直列型」で、日本語は「並列型」である。言い換えれば、ヨーロッパ語は「硬い」構造をもち、日本語は「やわらかい」構造をもっている。この点を、先ほどの⑴と⑵の文を使って説明しよう（以下、発想と統語構造だけが問題なので、横文字を直訳体日本語で代用する）。

　まずヨーロッパ語の統語構造を図示すれば下図のようになる。

　ヨーロッパ語の文の展開は「重要な役者ほど前に」の原則に従う。つまり、《主語→動詞→目的語→場所や時間などを表す状況補語》の順番である。例文は《彼は＋訪れた＋吉野を》でいちおう完結している。あとは追加情報である。「吉野」はどんなところかを説明したければ「桜の名所として知られる」を添えればいい。この語群を「吉野を」にぶら下げたのは、それがあくまでも副回路であることを示したかったからだ。「誰と」が問題になれば「友人たちと」が追加される。「日曜日に」、「先週の」についても同じ手順である。これは、発話者の発想のプロセスに即した説明である。しかし、実際に文章化するときは分かりやすさや文体的配慮から「彼は／訪れた／友人たちと／先週の日曜日に／桜の名所として知られる吉野を」となるはずだ。ヨーロッパ語の場合、文意をそこねない限りは修飾語を伴う長い語群を後ろへ置いたほうが据わりがいいからだ（ちなみに日本語では逆になる。後述）。

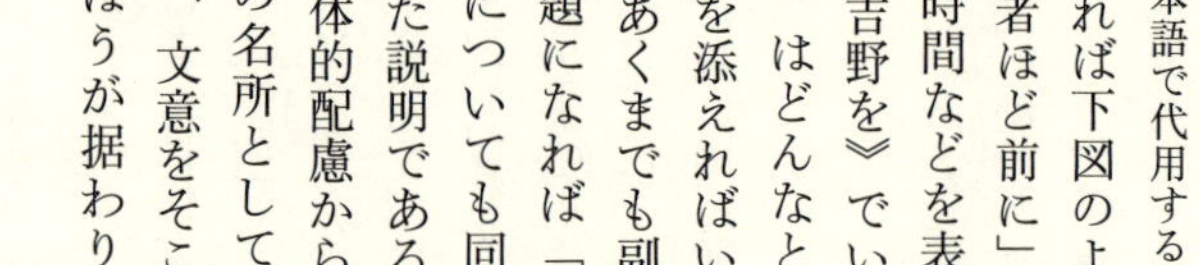

　ご覧のようにヨーロッパ語の文の展開は、すでに知られている情報に新しい情報が次々と追加されるかたちで進行する。すでに知られている情報をもとにして、文の流れがある程度読める（予測できる）展開になっている。もちろん、文の主役である主語と動詞は絶対にはずせない。ここに欠落が起こると文は成立しない（電灯が点らない）。文の展開は全体としては副回路がぶらさがった、まっすぐな一本の回路を描くことになる。ヨーロッパ語の文の展開は「直列型」である。前に挙げた(1)と(2)の文は日本語では語順がいろいろになるが、ヨーロッパ語では一つの統語構造に行き着く。

　では日本語の場合はどうなるか。文の展開は下図のようになる。

(1)

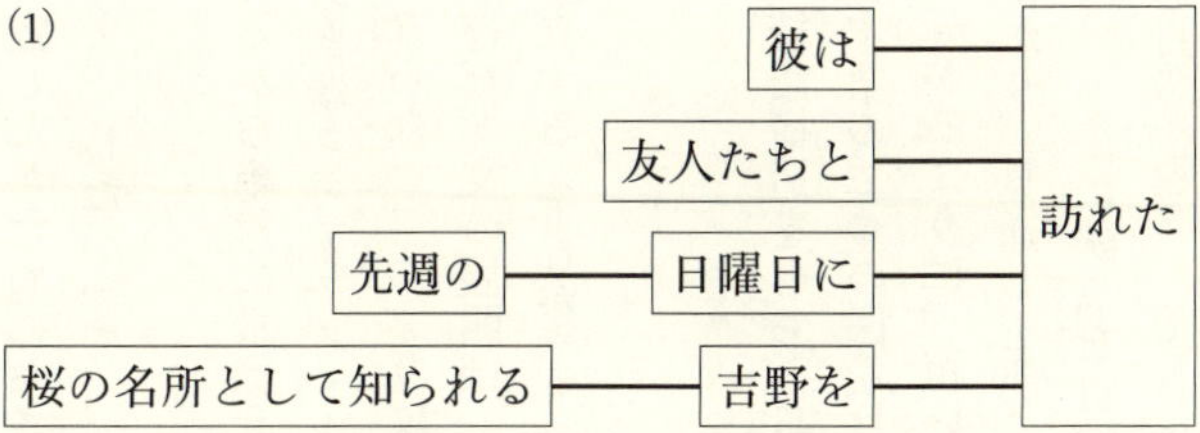

(2)

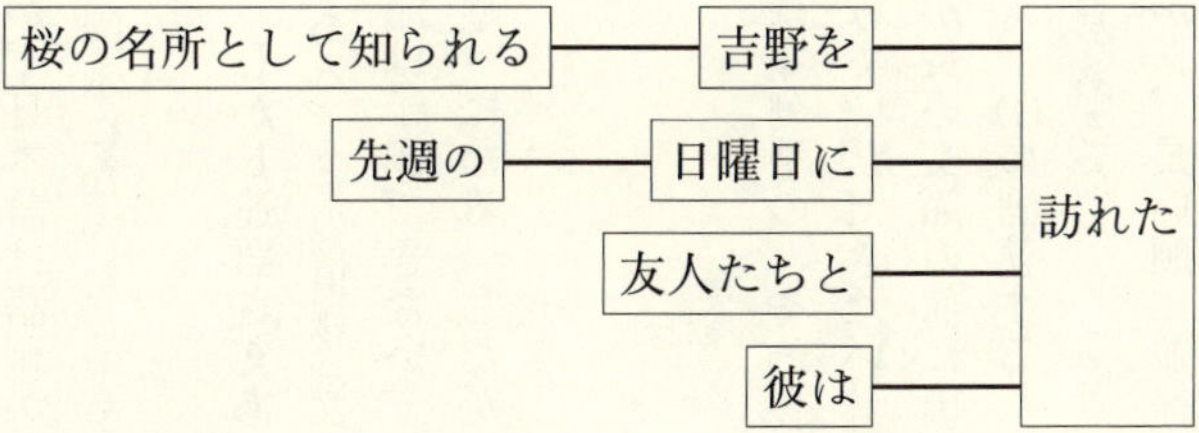

ヨーロッパ語は語順がうるさいので、ほぼ一定したかたちにおさまるが、日本語は語順が自由だから幾通りものバリエーションがありうる。したがって二通りの図示になった（もちろん、ほかにも幾通りもある）。

すでに確認したように「訪れた」は述語であるから絶対に飛ばせない。しかし述語さえあれば、とりあえず日本語としては成立する。あとはコンテクスト次第である。どの情報（文節）がどんな順序で展開するかはあまり問題にならない。つまり文の展開は予測できない。文末に来る「述語」以外はすべての情報は横並びだ。文の展開は「並列型」になる。したがって、おのおのの情報のどれが落ちても文は成立する（電灯が点る）。

●語順で変わる読みやすさ

要するに、ヨーロッパ語は直列型の「硬い」統語構造をもち、日本語は並列型の「やわらかい」統語構造をもっている。ただ、改めて日本語の二つの図を比べてみていただきたい。興味深いことが明らかになる。(1)の図を見れば分かるように、短い文節が長い文節の前に出ると、長い文節がまるで障壁のように立ちはだかり、見通しを悪くさせる。(1)に固執するなら、たとえば「彼は」の後や「先週の日曜日に」の後に読点を打つ必要があるだろう（読点には「遠くの文の単位にかかる」というサインとしての用法がある）。それにひきかえ、長い順に並べた(2)はたいへん見通しがよい。特別の意図がない限り、日本語では「長い文節ほど前へ」の方針に従うべきである。

日本語では「文節は長い順に並べる」という規則に従って書く限り、読点はなくてもすんなり読める。例文は単純な内容なのでその違いがあまり感じられないが、単位間にばらつきが認められたり、内容が複雑になると差が出る。たとえば、

(3)　自然の環境の人工によって変更を加えうべき範囲は、知れたものである。

（鈴木大拙「現代世界と禅の精神」、『新編 東洋的な見方』岩波文庫、一九九七年、一二九ページ、傍点強調引用者）

もちろん、この文はこのままでも問題はない。ただ、少し気配りすると、もっとすっきりした文になる。語順を変えてみよう。

(4)　人工によって変更を加えうべき自然の環境の範囲は、知れたものである。

いかがです。「なんだ」と思われた方もいるはず。でも、文章はなるべく読者に心理的負

担をかけないほうがいい。分かりやすい文章を書く上でいちばん大切な心構えは「読み手の身になって書け」ということだ。読み手への気配りである。だからたとえ些細《ささい》なことでもサービス精神は大いに発揮するべきだ。もし語順をそのままにするなら——たとえば強調のため——「自然の環境の」の後に読点がほしいところだ。すでに注意したように、読点には「遠くの文の単位にかかる」というサインとしての用法がある。大事な用法なのでしっかり覚えておくとよい。

「文節は長い順に並べる」という規則は文が長くなって込み入ってくると、その効果は歴然となる。説明はしない。次の二つの文章を、語順（主語の後出し）に注意してじっくり読んでほしい（「／」は文節の区切り、「／／」はさらに大きな区切り）。

そろそろ頭髪《かみ》をからねばならぬと思いついてから半月経ち、／こうボサボサになってはどうしても今夜こそはと固い決心をしてからでも、なお三日ばかり経って／漸くのことで、／／躑躅《つつじ》の盆栽を沢山《たくさん》並べたその理髪店の敷居を／小関は／またぎ得た。

（高見順『故旧忘れ得べき』冒頭）

「こいさん、頼むわ。——」

鏡の中で、廊下からうしろへ這入って来た妙子を見ると、／自分で襟を塗りかけていた刷毛を渡して、／其方は見ずに、／／眼の前に映っている長襦袢姿の、／抜き衣紋の顔を／他人の顔のように／見据えながら、／／
「雪子ちゃん下で何してる」
と、／幸子《さちこ》は／きいた。
（谷崎潤一郎『細雪』冒頭）

§7　修飾語は曲者

●長い修飾語はご法度

日本語では「修飾語が被修飾語の前に置かれる」ことはすでに注意したが、読みやすさ・分かりやすさを考えると、やはりそれなりの気配りが必要である。すでに見たようにヨーロッパ語の場合は長い修飾語（たとえば関係代名詞節）は被修飾語（名詞）の後ろに置かれるので問題がないが、日本語の場合は長い修飾語は文の見通しを悪くする。たとえば、私の作文した次のような例文を考えてみよう。

①すでに太平洋戦争も末期的な段階にはいっていた一九四四年の秋、②北陸地方の山深い寒村で二十歳を迎えた一人の青年が、③戦時下の特別措置で繰り上げ入学で大学に進んだものの、勉学の機会もほとんど与えられずに動員されて、④いつ召集令状が来るか分からない不安な日々を送るなかで、⑤忙しい農作業のあいまを盗んでは、⑥その知識を将来に役立てる見込みがあったわけではなく、⑦ただ現在の自分自身を支えるために、⑧未来を奪われ、外界から切り離され、地の底に閉じ込められた彼にとって⑨文明世界へと通じる唯一の道であった書物を⑩むさぼるように読んでいた。

この錯綜した文の幹は傍線で示した「一人の青年が書物を読んでいた」である。この単純な幹にたくさんの枝葉がからみついているのだ。この文を読む人は丸数字ではじまる文節——⑩だけは別だが——に来るたびに、そこまでの知識では見通せない新しい情報に付き合わされることになる。それぞれの文節が長く、おまけにこれほど複雑な文に対しては、語順だけではとうてい対応できない。長い修飾語をやめることだ。短文＝単文にすることだ。つまり、いったん分解して、組み立て直す必要がある。

まず大枠を提示する。ついでおもむろに細部の説明にとりかかる。その結果はたとえば次のようになる。

・一九四四年の秋、一人の青年がむさぼるように書物を読んでいた。
・一九四四年の秋といえば、すでに太平洋戦争も末期的な段階にはいっていた頃である。
・その青年は北陸地方の山深い寒村で二十歳を迎えた。
・だが、戦時下の特別措置で繰り上げ入学で大学に進んだものの、勉学の機会もほとんど与えられずに動員されていた。
・そして、いつ召集令状が来るか分からない不安な日々を送っていた。
・つまり、彼は未来を奪われ、外界から切り離され、地の底に閉じ込められていたわけである。
・そんな彼にとって書物は文明世界へと通じる唯一の道であった。
・彼は忙しい農作業のあいまを盗んでは読書した。
・しかし、その読書は得られた知識を将来に役立てる見込みがあったわけではなく、ただ現在の自分自身を支えるためであった。

長い修飾語は、書き手が気負い込んだときに出やすい。あれもこれもと多くの内容を一つの文に盛り込もうとするからである。そういうときには、欲張らずに長い修飾語を取り出し、一つの文に独立させればいい。

●形容詞の語順に注意

形容詞（名詞形容語と広くとる）の語順については二つの規則を挙げることができる。

［1］一つの語に、長い修飾語と短い修飾語がつく場合には長いほうを前に置く。
［2］修飾語はなるべく被修飾語の近くに置く。

［1］は「文の単位（文節）は長い順に並べる」の繰り返しになるが、修飾語と被修飾語の関係においてはどんな働きをするのだろうか。実例について見ることにしよう。

(1) 清廉そのものの／名利を求めない生き方

このように同じ長さの形容詞が続く場合はどちらを先にもってきても問題はない。

(1)′　名利を求めない、清廉そのものの生き方

では、次の場合はどうか。

(2)　ひ弱で優しくいつも夢を見ているような目をした姉

(2)は一読してすんなりと理解できる表現ではない。この曖昧さは不用意な語順から来ている。まず「ひ弱で」がどこにかかるのか、はっきりしない。「目」を修飾するのだろうか、「姉」を修飾するのだろうか。常識的に判断して――「ひ弱な目」とは普通いわないから――「姉」にかかると解釈すればいい。次に「優しく」はどうか。「優しい目」と「優しい姉」はいずれも可能である。この文だけからはどちらとも決められない。ただ、「ひ弱で優しく」と取るのが自然のように思われる。すると(2)は次のように分析できる。

(2)′　ひ弱で優しく／いつも夢を見ているような目をした姉

明らかに修飾語のあいだに長さの違いが見られるので、［1］の規則を例文に適用すると、先

ほどの難点（曖昧さ）はなんなく解決する。

(2)″　いつも夢を見ているような目をしたひ弱で優しい姉

今度は次の例文。

(3)　春のこまやかな優しい音をまじえながら降る雨

(2)ほどではないけれども、(3)も少し引っかかる。いちばんの問題は「春の」が被修飾語の「雨」と離れすぎていることだ。［2］の原則を適用して次のように書き換えればよい（この場合は［1］の原則の適用ともとれる）。

(3)′　優しい音をまじえながら降る／こまやかな／春の雨

たとえ文豪の手になるとはいえ、実用文という観点からは次のような文は絶対に書くべきではない。

好奇心もなく、軽蔑も含まない、彼等が旅芸人という種類の人間であることを忘れてしまったような、私の尋常な好意は、彼等の胸にも沁《し》み込んで行くらしかった。

（川端康成「伊豆の踊子」。傍点強調引用者）

実用文であれば例文は次のように書き改めるべきである。

彼等が旅芸人という種類の人間であることを忘れてしまったような、好奇心もなく、軽蔑も含まない、私の尋常な好意は、彼等の胸にも沁み込んで行くらしかった。

「好奇心もなく、軽蔑も含まない」の部分はほぼ同じ長さなのでそのままとしたが、もちろん「軽蔑も含まず、好奇心もない」とひっくり返してもよろしい。

●副詞の語順にはもっと注意

修飾語・被修飾語の関係はなにも形容詞に限らない。副詞（句）の場合もある。むしろ、こちらのほうが細心の注意が必要だ。形容詞の場合は近くにある——お互いに接している

——から目につくけれども、副詞の場合は遠く離れることがあるのでなかなか意識しにくいのだ。

(1) じっとその女は目の前に広がる夜景に見入っていた。

もちろん、これで間違いというわけではない。普通には原則[2]に従って次のように書き直したほうがすっきりする（強調ということであれば「じっと」の後に読点が必要）。

(1)′ その女は目の前に広がる夜景にじっと見入っていた。

では次の例はどうだろうか。

(2) 彼は不安そうに携帯電話で話している男を見ている。

この「不安そうに」は「話している」にかかっているのか、「見ている」にかかっているのか曖昧である。修飾語を被修飾語に近づけて次のように書き換えれば曖昧さはなくなる。

(2)′　彼は携帯電話で不安そうに話している男を見ている。

(2)″　彼は携帯電話で話している男を不安そうに見ている。

しかしながら(2)はもう少し細心であれば、初めから曖昧さを避けることができた。つまり次のような語順にすればよかったのだ。

(2)‴　不安そうに携帯電話で話している男を彼は見ている。

(2)⁗　携帯電話で話している男を不安そうに彼は見ている。

二節にわたって語順の問題を話題にした。語順の重要性が理解いただけただろうか。実は、語順の問題は読点とも深く関わっている（文体的効果を度外視すれば(2)は「彼は」の後で読点を打てば(2)′に、「不安そうに」の後で打てば(2)″に等しくなる）。

次節で読点の問題を取り上げることにする。

§8 読点の打ち方に決まりはあるか

●読点の大原則

最初に一つ質問をする。読点の打ち方をご存じですか。

読点のことは学校の「国語」の時間で教えられているはずだが、多くの人はこの質問にとまどいを感じるだろう。いや、「打ち方」は習ったことなんかないぞと反論する向きもあるかもしれない。読点は大切な問題なのに、どういうわけかなおざりにされてきた。私の知る限り、この問題に真正面から最初に取り組んだのは本多勝一である。彼は『日本語の作文技術』（朝日文庫、一九八二年）と『実戦・日本語の作文技術』（朝日文庫、一九九四年）のなかでこの問題を熱っぽく取り上げた。もっと柔軟に対応したらいいのにという条件はつくけれども、その意見はおおむね支持できる。以下、本多の説明に寄りかかりながら、読点の問題を見ていくことにする。

読点という呼称から「息つぎ」するところに打てばいいくらいに簡単に考えている人はいないだろうか。そうするとやたらに読点が多くなる（文章を書き慣れない人によくあるケースだ）。数が多くなると「区別する、はっきりさせる」という読点の本来の働きが失われてしまう。

その結果、「読みやすさ」のために打ったはずの読点のせいで、かえって読みづらくなる。一つ一つの読点を目立たせるように、読点はなるべく打たないようにしよう――これが読点を打つときのポイントである。

読点のいちばん大事な役目は文の単位を区別し、文の仕組み（構造）をはっきりさせることだ。要するに「分かりやすさ」が狙い目である。ここで語順の問題がからんでくる。すでに検討したように「長い文節を前に」という方針に従っている限り文は分かりやすいのでこの語順を「正則語順」、これに従っていない語順を「逆行語順」と呼ぶことにしよう（以下、ここだけの話ということで「正順」、「逆順」と略記する）。そうすると、読点の打ち方は次の三つの原則にまとめられる。

[1] 逆順の場合に打つ（ただし抵抗なく読める場合は打たなくてもよい）

[2] ほぼ同じ長さの大きな文の単位（語群）が連続するとき、その切れ目に打つ（ただし抵抗なく読める場合は打たなくてもよい）

[3] 「は」はそれ自体で遠くへかかっていく力をもっているので、本来は後に読点を打つ必要はない。ただし、強調のため、あるいは読みやすさを考えて打ってもよい

［3］についてはいずれ詳しく取り上げるので、ここでは説明は省く。今はこの事実だけを確認してくれればいい。

●正順で書けば読点は不要

実例を挙げよう。次の三つの文は、『怪人二十面相』（江戸川乱歩）の見せ場、辻野氏こと怪人二十面相と探偵明智小五郎の対決場面から取った文章である。

(1)　明智は、安楽イスのクッションにふかぶかと身をしずめ、辻野氏におとらぬ、にこやかな顔で答えました。

(2)　辻野氏のなにげないことばには、おそろしい力がこもっていました。興奮のために、イスのひじ掛けにのせた左手の先が、かすかにふるえていました。

(3)　明智は平然として、このおどろくべきことばを語りました。

(1)から見ていくと、「明智は」の後の読点は［1］（逆順）によるが、［3］に従えばなくても差し支えない（私なら打たない）。「辻野氏におとらぬ」の後の読点はなくてもいい。「顔」ではなくすぐ後の「にこやかな」にかかっているのだから。ただし、平仮名が続いているので読みにくくなると考えて、切れ目を示すために打っている可能性はある（『怪人二十面相』は子供向けの作品である）。私ならこの場合、「に劣らぬにこやかな」と漢字で処理する。「身をしずめ」の後の読点は［2］（同程度の長さ）によっている。

⑵の「辻野氏のなにげないことばには」の後の読点は［2］（同程度の長さ）に、「興奮のために」の後の読点は［1］（逆順）にそれぞれよっている。「左手の先が」の後の点は正順だから打たなくてもいい。

⑶の「平然として」の後の点は［1］（逆順）によっている。しかし、この場合は省いても差し支えない。

読者の中には選択の余地を残す私の説明にまどろこしさや不満を感じた方もいるだろう。しかし、これはやむをえない事態なのだ。先ほど挙げた原則にいずれも「ただし書き」がついているのにはそれなりの意味がある。つまり「抵抗なく読める場合」の判断は書き手の自由裁量にゆだねられているということだ。ただ、多めか、少なめか、いったん採用した方針は途中で勝手に変更しないほうがいい。

自由裁量といえば、読点には「強調」のために打つ場合がある。「強調の読点」である。先ほど「なくてもいい」と説明した⑵の「左手の先が、」の読点は「強調の読点」という可能性がある。

要するに、基本的には「正順で書くこと」を心がければいいということである。読点なんか必要のない文を書くことを考えることである。その証拠として先ほどの例文を正順で書き換えてみよう。読点はぐっと減る。

(1)′　安楽イスのクッションにふかぶかと身をしずめ、辻野氏におとらぬにこやかな顔で明智は答えました。

(2)′　辻野氏のなにげないことばには、おそろしい力がこもっていました。イスのひじ掛けにのせた左手の先が興奮のためにかすかにふるえていました。

(3)′　このおどろくべきことばを平然として明智は語りました。

語順に注意すると、読点を打たなくても読みやすい文を書くことが可能になる。

●読点は読者へのサービス

読点の打ち方には絶対的な規則はない。すべて相対的である。読点にはさまざまな意図が込められるはずだが（たとえば「強調の読点」）、私がいちばん重視するのは読者への気配りである。読点は読者が分かりやすいように、読みやすいように打つべきなのだ。想定している読者によって、とうぜん読点の打ち方も変わってくる。やわらかい文章なら多めに打つべきだろうし、硬い文章なら少なめでもかまわないだろう。読点を打つ場合も、やはり読者のことを考える必要がある。

ただ、前節では触れなかった読点の用法がある。曖昧さを避けるために打つ読点だ。よく使われる例文を紹介する。

(1)　渡辺刑事は血まみれになって逃げ出した賊を追いかけた。

この文は二通りの解釈ができる。「血まみれ」なのは刑事なのか賊なのか。文脈があれば話は別だが、この文そのものは曖昧である。「読点はなるべく打たないように」とは忠告したが、必要な読点は必ず打たなければならない。この例文がまさにそうである。読点さえきちんと打てば、なんの問題も生じなかったはずなのだ。「血まみれ」なのが刑事ならば「血まみれになって」の後に読点を打てばいいし、賊のほうならば「渡辺刑事は」の後で打てばいい。あるいは語順で対応するという手もある。次のように書き換えるのだ。

(1)′　血まみれになって渡辺刑事は逃げ出した賊を追いかけた。

(1)″　血まみれになって逃げ出した賊を渡辺刑事は追いかけた。

この書き換えは読点と語順の関連性をよく示す例だろう。文の曖昧さを処理するには読点と語順という二つの方法がある。このことを心得ておくと、なにかと便利だ。この場合はどちらでもよさそうだが、どちらを選ぶべきか決めなければならないケースも出てくる。

もう一つ例文を挙げる。

(2)　彼は学校に本を置いて出かけた。

(2)は(1)より微妙なケースだろう。この文もまた曖昧である。ただ、その曖昧さが見えにくい。そのぶん、たちの悪い「悪文」だと言えるかもしれない。どういうふうに曖昧なのか分かるだろうか。「学校に」が問題なのだ。「学校に本を置いて」から出かけたのか、自宅などに「本を置いて」から学校に出かけたのか。この曖昧さを解決するには、やはり二つの方法がある。

まず読点で処理してみる。

(2)′　彼は学校に、本を置いて出かけた。
(2)″　彼は学校に本を置いて、出かけた。

(2)′は日本語としては少し引っかかる。読点で処理するよりは語順で対応して次のようにするほうが抵抗がないだろう。

(2)‴　彼は本を置いて学校に出かけた。

(2)″を読点ではなく、語順で処理すれば、

(2)⁗　学校に本を置いて彼は出かけた。

ご覧のとおり(2)の曖昧さを避けるには読点と語順で処理できるが、(2)″と(2)⁗を比較すると、正順の(2)⁗のほうがよさそうである。

ここまでの私の説明を読んで、読点一つ打つにもいちいち文を分析しなければならないなんて、七面倒くさいと感じた読者がきっといるはずだ。ただ、ここで老婆心ながら注意をう

ながしておけば、普段は読点の打ち方などいちいち意識する必要はない。文を書いていて、あるいは読み返してみて「おや、ちょっと引っかかるな」、「あれ、ちょっと変だな」と感じたときに、読点の打ち方を考えればいいのである。

最後に、三原則や曖昧さを避けるため以外でも、読点を打つことが多い場合を箇条書きで示しておく。読点を打つ目安にしてほしい。

［1］ 長い語群の後で——正順なので打つ必要はないのだが、打てば読みやすくはなる。たとえば長い主語だとか、「～ので」、「～したとき」、「～して」などの後で

［2］ 並列関係に置かれた名詞、動詞、形容語の切れ目に——「喜び、悲しみ、怒り」、「巨大都市、東京」、「美しい、静かな湖」、「飲み、歌い、騒ぐ」

［3］ 倒置法が使われたとき——「ついにやって来た、運命の日が。」

［4］ 漢字あるいは平仮名ばかりが続いて読みづらいとき——「それはいったい、なぜなのか分からない」、「それは一体、何故なのか分からない」（ちなみに、漢字と仮名をまぜる手もある。「それはいったい何故なのか」、「それは一体なぜなのか」）

［5］ 助詞が省略されたり、感動・応答・呼びかけなどの言葉が使われたりしたとき——「あたし、嫌よ」、「まあ、そんなことさ」、「ああ、おどろいた」

［6］　文全体にかかる副詞の後──たとえば「多分」、「恐らく」、「事実」、「無論」、「実際」、「ただ」など

［7］　「……、と言う／と驚く」や「……、というような」といった引用や説明を表す「と」の前で（後に打つ場合もある）

［8］　「しかし」、「そして」、「ただし」など接続詞の後で

§9　ハとガの使い分けのポイント

●選択的主題化／排他的主題化

主語のハとガの使い分けは微妙である（助詞の「は」と「が」はカタカナで表記する）。普段はなにげなく使い分けているが、なにかの折にふとどちらにしたらいいのか判断に迷うことがある。さあ、なにを拠り所にしたらいいのだろうか。なにか使い分けの基準があるのだろうか。それがどうも余りはっきりしないのだ。ハとガの問題は専門家の間でも長いあいだ論議されてきたが、これといった定説はないようだ。この問題はいまだに係争中である。しかし、細かい点では意見が分かれるにしても、大筋では一致を見ている部分も多い。特に日常的な

読み・書きという立場からは細かい詮索は不要で、実践的指針が得られさえすればそれでいい。それをこれから考えてみることにしよう。

大切な使い分けの原則は「選択的主題化」か「排他的主題化」かである。

［1］ハはいくつかの対象物のなかから一つを取り立てて他と区別（対比）する（「ほかのもの」を意識している）

［2］ガはいくつかの対象物のなかから一つだけを取り出して他を排除（無視）する（「ほかのもの」は念頭にない）

この原則さえしっかり心得ていれば、ほとんどのケースに対処できる。

(1) 私は学生です。

この文は「私について言えば」という含み（含意）が込められている。言い換えれば「自分以外の人」を想定し、それと対比しながら「私」を問題にしている。「他の人」は教師かもしれない、サラリーマンかもしれない、そういうなかで「私は」学生なんですと主張している。学生であることが新情報である。含意を織り込んで⑴の文を書き換えれば次のようになる。

⑴′（私について言えば、）私は｛○学生／×教師／×サラリーマン……｝です。

⑵　私が学生です。

この文には「ほかの人ではなくてこの私」という含意がある。言い換えれば「自分以外の人」を排除して「私だけ」を主題化している。私のことが新情報である。含意を織り込んで⑵の文を書き換えれば次のようになるだろう。

⑵′（この私が、）｛○私／×あなた（がた）／×彼（ら）……｝が学生です。

⑵″学生（であるの）は私です。

もっと実際的に、情報の軽重という視点からまとめれば、ハとガの違いは次のようになる。

［3］ハはその後に「知りたい」重要な情報が来る（犯人は誰ですか）
［4］ガはその前に「知りたい」重要な情報がある（誰が犯人ですか）

●使い分けは視点が決め手

ご覧のとおりハとガの使い分けは「選択・対比」か「排除・特定」かの含意の違いである。言い換えれば、ハとガの使い分けは文法的な問題ではなくて、使う人の視点（スタンス）の問題ということだ。たとえば「既知情報」と「新情報」の区別は、あくまでも発話者の判断で、表現上の処理、視点の問題である。

たとえば《山田太郎という人物が事件の犯人である》（客観的事実）とする。「山田太郎が犯人だ」と発言したときの私の視点（スタンス）はどうか。私の頭のなかには「誰が犯人か」という問題意識がある。山田太郎以外の人物を排除（否定）して、犯人を特定しているのだ。ハは「選択・対比」であるから、犯人を特定化する疑問文には「誰は犯人か」という言い方は使えないわけである。

今度は「山田太郎は犯人だ」という発言を考えてみよう。私の脳裏に《山田太郎は犯人だろうか。犯人ではないだろうか。それとも被害者だろうか、……》というさまざまな疑問（想念）がある。この「山田太郎」はほかの関係者のなかの一人で、既知情報（了解事項）である。今の発言は「山田太郎について言えば、犯人でないということはないし、被害者であるということもないし、彼は……」という「選択・対比」のプロセスの結果である。あるいは端的に「山田太郎は犯人か」に対する応答である。

ハを使うかガを使うかは、発言者の視点（スタンス）次第なので絶対的（文法的）ではない。相対的（主観的）である。しかし、そうはいってもほとんどの場合、「新情報」（初出）はガ、「既知情報」（既出）はハと機械的に対処して大丈夫である。たとえば昔話「桃太郎」の冒頭を思い出してみよう。

昔々おじいさんとおばあさんがありました。おじいさんは山に柴刈りに、おばあさんは川に洗濯に行きました。

ところが、当然ハが予想されるところにガが来ることがある。たとえば「桃太郎」の冒頭を次のように書き直したとする。

昔々あるところにおじいさんとおばあさんがありました。おじいさんが川に洗濯に、おばあさんが山に柴刈りに行きました。

多少引っかかるかもしれないが、これはこれで問題のない日本語である。いや、多少引っかかるからこそ、このガは表現力がある。たとえばここには「おばあさんではなくておじいさんが川に洗濯に、おじいさんではなくておばあさんが山に柴刈りに行きました」という含みが込められている。たとえばおじいさんは足が不自由で遠くの山に行くのは大変なので、すぐ近くの川での洗濯をすることになったとか。ここでいう「おじいさん」、「おばあさん」はかなり年配の男女を親しみを込めて呼んでいる用法だが、かりに「祖父」、「祖母」を意味していると考えれば「息子」、「嫁」ではなくてという含意も可能だろう。いずれにせよ、こちらの予想が破られて、ガの前に重い情報が来たのだ。誰がやるのかが関心の的になったのだ。つまり動作・状態の主体（主語）の「排他的」強調なのである。

実際問題としては、ハの予想されるところにガがあれば、主語の強調だと考えて差し支えない。

§10 ハとガの微妙な関係

●あざとい使い方

ハとガの使い分けのおおよそは前節の説明で終わった。この節では周辺的なことだが、心得ておくとハとガの使い分けがより鮮明になる話題を補足しておく。
たとえばこんな状況を想像してほしい。ある部局でこちらのミスによって取引先からクレームがついた。誰かが先方に釈明に行かなければならない。むろん誰も引き受けたくない。そのとき部長が部下たちに次のように言った。

引き受けてくれるものはいないのか。それならわしがやるぞ。それでいいんだな。

このガは強い。排他的強調（特定化）を逆手にとったそそのかしである。こう言われたら「部長、私がやります」という部下が必ず出てくるはずだ。そうなれば部長はいやな業務を免れることができる。もしこのとき、部長が「わしはやるぞ」と言ったら「それなら私もやります」という答えが返ってくるだけだろう。二人で取引先に出かけることになる羽目になる。この例はガの排他性をよく示している。
これとは反対に、ガの予想される場合にハが使われることがある。たとえば小説の冒頭である（傍点強調引用者）。

吾輩は猫である。

（夏目漱石『吾輩は猫である』）

私は其人《その》を常に先生と呼んでいた。

（夏目漱石『こころ』）

小石川の切支丹坂《きりしたんざか》から極楽水《ごくらくすい》に出る道のだらだら坂を下りようとして渠《かれ》は考へた。

（田山花袋『蒲団』）

木曽路はすべて山の中である。

（島崎藤村『夜明け前』）

もちろんここにガを使えばおかしなことになるが、このハは独特な含意が込められている。ハをとる名詞・代名詞がすでに読者も共有する既知情報（了解事項）というかたちで差し出されているのだ。ストーリーの途中からはじまる映画の手法と通じる。一気に読者を小説（ストーリー）の中に引きずり込む効果がある。すでに指摘したように「ハはいくつかの対象物の中から一つを取り立てて区別（対比）する」働きがある。取り立てる以上、頭のなかにすでになんらかの観念がある（と見なされている）。暗黙の了解に基づいて発言しているという素振りは「場」を共有させる力をもっている。

この力があざとく使われているのが、電話口での応対だろう。

自己紹介の場合は「私が○○です」と切り出すのが普通である。「私がいまご紹介にあずかった○○です」とか「私がこの仕事を担当する○○です」とか。ところが電話口では、見ず知らずの相手でも「私は○○です」と切り出す。本来なら相手は自分のことをぜんぜん知らないのだから「私が」とはじめるべきだろうが、相手の姿が確認できない電話口でそんなふうに切り出せば、相手は何事かと思わず引いてしまうにちがいない。もっとも、電話口でなくても「あたくしが○○の家内です」と切り出されたら、相手の女性は慌てふためいてしまうだろうが。

ガの用法はほとんどの場合「排他的特定」で説明できるのだが、ただ一つ例外がある。専門家のあいだで「現象文」とか「眼前描写」、「中立叙述」と呼ばれている用法だ。

窓の外に目をやると雨が降っている。静かな雨音がする。

●ガとヲの使い分け

これまでは主語のガを問題にしてきたが、ガには目的語のガもある。この目的語のガはあるタイプの動詞・形容動詞としか使われないが、その用法がヲの用法とはなはだ紛らわしい

（ここでも排他的特定が問題になる）。

「彼は音楽が聞く」と書く人はまさかいないだろうが、「彼は音楽を好き／嫌いだ」となると話が違ってくる。この言い方は本来なら誤用なのだが、現在ではよく見かけるようになった。特に若い人は、誤用の意識なぞなくて平気で使っている（たぶん形容動詞と動詞を混同しているのだろう）。なぜ誤用なのだろうか。実は目的・対象を表すガとヲには、使い分けの原則があるのだ。その使い分けは問題の目的語が「状態」を表す述語に関わるのか、それとも「行為」を表す述語に関わるのかによっている。「状態」のときにはガであり、「行為」のときはヲである。ここで言う「状態」は「欲求」、「能力」を含む。だから「可能な／不可能な」、「得意な／不得手な」、「できる／できない」も「状態」を表すと見なす。

(1) 私はコーヒーが飲みたい。（状態＝欲求）
(2) 私はコーヒーを飲む。（行為）
(3) 彼女はピアノが弾ける。（状態＝能力）
(4) 彼女はピアノを弾く。（行為）
(5) 私は友人の不幸が悲しかった。（状態）
(6) 私は友人の不幸を悲しんだ。（行為）

見られるとおり、「状態」と「行為」による使い分けは体系的である。これが本来の日本語の姿だった。ところが英語（翻訳調）の影響だろうが、⑴と⑶のケースでヲを使う人が出てきた（もっとも、さすがに⑸を「私は友人の不幸を悲しかった」とは言わないけれども）。これは誤用なのだが、現在ではそうとばかりは言い切れないようだ。これは私の個人的な印象かもしれないが、ガを使った場合とは異なる含意が感じ取れるようだ（たとえばカッコ内のコメント）。

きみを好きだ。（きみ以外の女性も好きかもしれない）
コーヒーを飲みたい。（酒も飲みたいかもしれない）
ピアノを弾ける。（ヴァイオリンも弾けるかもしれない）

§11　ハは変幻自在

●ハは主語を表すだけではない

前節までハとガの競合の問題を取り上げたが、主語の場合が主であった。この対照が印象的すぎるためだろうか、ハは主語（主格）しか表さないと勘違いしている人が多い。決してそんなことはない。ハは主語以外にもいろいろと活躍する。

(1)　この本は読みなさい。

§9ですでに確認したようにハは「いくつかの対象物の中から一つを取り立てて他と区別（対比）する」働きがある。言い換えればハの基本は主題（題目）の提示だ。だからハはいつでも「〜について言えば」と言い換えることができる。その実質的な意味はハがかかっていくもの次第だ。(1)は「この本について言えば、読みなさい。ほかの本をさしおいてとにかくこの本を読みなさい」ということで、目的語の役割をつとめている。(1)の例でも分かるように、ハを使うと関係する助詞を省略しても構わない。この場合はヲが省略されている。ただし、ヲに限ってはヲを残したかたち（ヲハ→ヲバ）は現在では不可である（少し前の日本語なら「この本をば読みなさい」と言えたけれども）。

助詞を省略したハの用例を挙げる。

(2)　大学は行かない。（場所・方向の「に」あるいは「へ」の省略）

(3)　音楽は心が安まる。（道具・手段の「で」の省略）

(4)　東京は物価が高い。

(4)は少し問題のあるケースだ。「東京では物価が高い」ともとれるし、「東京の物価が高い」ともとれる。ただ、(4)のハを主語の働きをしている——(4)には主語が二つある——と考える専門家がいる。そう考えたくなる傍証は確かにある。(4)には次のような競合する文が考えられるからだ。

(4)′　東京が物価が高い。

(4)′はたとえば「どこが物価が高いですか」という問いに対する答えである。すでに見たガの用法、「排他的主題化」だ（「誰が犯人か」という文を挙げた）。ただ、このガの用法はあくまでも特殊なケースなので、あまり気にする必要はないだろう。

省略といえばもっと大がかりなケースがある。

(5)　ぼくはうなぎだ。

これはある高名な仏文学者が日本語の非文法性の例として挙げた有名な例文である。これからなにを食べるかが問題の状況で、日本語では「ぼくはうなぎです」（ぼく＝うなぎ）というがこれは実に「非文法的」、「非論理的」だと、その仏文学者は痛憤した。これは「AはBである」という日本語をヨーロッパ語の「A is B」（A＝B）と重ね合わせた、とんでもない言いがかりである。日本語の論理では(5)は「ぼく（が食べるもの）について言えばうなぎだ」と理解しなければならない。ほら「春はあけぼの」という、あの発想だ。もっとも、この勘違いはけっこう多くの日本人がするようだ。(5)を英語に訳しなさいと言われたら「I am an eel.」とやる人は必ずいるはずだ。

●ハは文を飛び越す

ハはいろいろな助詞に姿を変えるだけではない。忍者のように姿を消して、文を飛び越して支配するのだ。たとえば夏目漱石の『吾輩は猫である』の冒頭。

吾輩は猫である。名前はまだ無い。
どこで生れたか頓《とん》と見当がつかぬ。何でも薄暗いじめじめした所でニャーニャー泣いていた事だけは記憶している。

最初の文の「吾輩は」は後続する三つの文を支配している。このハの、文越えのかかりの用法を知らない人が意外に多い。たとえば次の例文を考えてみよう。

(1)　住民から不審な男がこの界隈をうろついているという通報を受けて、警官はあたりをパトロールしていた。近くのスーパーからひとりの怪しい男が出てきて、左手に道をとって歩きはじめた。すぐ立ち止まった。

傍点を付した文の主語は「警官」だろうか、「男」だろうか。答えは「警官」である。「男」のほうが近くにあるから、こちらが主語だと思った人があるはずだ。しかしガはいちばん近くの述語にかかるというのが原則である。だから「出てきて」の主語となる。ただ、この場合はほかに主語になる語がないので、その支配力は文末の「歩きはじめた」まで及ぶ。しかし文を越えることはできない。もしそうさせたいのなら、「その男は」、「彼は」と補わなければならない。つまり「警官は」のハの効力を消すには別のハが必要だということだ。

逆にいえば、次のハが来るまで、問題のハの支配が続くのである。ハとガの支配力の違い（大小関係）は(1)を次のように書き換えてみれば、もっと理解しやすくなるだろう。

(1)′　住民から不審な男がこの界隈をうろついているという通報を受けて、警官はあたりをパトロールしていたが、近くのスーパーからひとりの怪しい男が出てきて、左手に道をとって歩きはじめたので、すぐ立ち止まった。

(1)′のように一文にすれば傍点の述部の主語を取り違えることはないはずだ。ガの支配圏は文を越えることはできないが、ハの支配圏は文を越え、次のハが登場するまでその支配は続く可能性がある。つまり、ガは小さくかかり、ハは大きくかかるということである。

今の問題に関連した格好の例として、川端康成「伊豆の踊子」の最後に近い場面を挙げることができる。

はしけはひどく揺れた。踊子はやはり唇をきっと閉じたまま一方を見つめていた。私が縄梯子《なわばしご》に捉《つか》まろうとして振り返った時、さよならを言おうとしたが、それも止して、もう一ぺんただうなずいて見せた。はしけが帰って行った。栄吉はさっき私がやったばかりの鳥打帽をしきりに振っていた。ずっと遠ざかってから踊子が白いものを振り始めた。

「さよならを言おうとしたが、それも止して、もう一ぺんただうなずいて見せた」——この文の主語はいったい誰だろう（ちなみに、語り手の「私」は旧制高等学校の学生）。たぶん多くの方が、近くに「私が」とあるので「私がさよならを言おうとした」と読むはずだ。サイデンステッカーの英訳もそうなっている。しかしながら、この文の主語は「踊子」ともとれる。すでに確認したように、ハには文越えのかかりがあるので、傍点を打った「踊子は」が「さよならを言おうとした」を支配しているとも考えられるからだ。すでに見たハとガの力関係からすると、「踊子」を主語と取ったほうが日本語としてはむしろ自然だ。だから、このガは「振り返った」にのみかかると解釈すべきだろう。もし前の文がなければ、「私が」が後の述語（たち）を支配することは可能だが、支配権の広いハが前にある——別のハがまだ登場していない——以上、ハの支配は生きている。この解釈は文脈によっても裏づけられる。この引用の直前で、「私」にほのかな想いを寄せている踊子は「私」が話しかけても、黙ったままうなずいたり、かぶりを振ったりするだけだったからだ。

読んだり書いたりしているときに、おやと思うハの用法に出会ったら次のような確認をしよう。

［1］省略された助詞を補ってみる
［2］ハの支配がどこまで及んでいるかを見る

変幻自在のハにはくれぐれもご注意あれ。

§12 日本語は主観的言語

●日本語の視点は「私」

(1) 国境《くにざかい》の長いトンネルを抜けると雪国であった。夜の底が白くなった。信号所で汽車が止まった。

これは川端康成『雪国』の冒頭である。ここには日本語の本質がよく示されている。だからこそ日本人の心の琴線に触れ、人口に膾炙《かいしゃ》したのだろう。

ところで「国境の長いトンネルを抜ける」の主語はいったいなんだろうか。理屈をいえば「汽車」だろう。事実、英訳は冒頭の一文を「The train came out of the long tunnel into the snow country.」（列車は長いトンネルを抜けて雪国に出た）と訳している。すでに確認したように、日本語は発話環境に依存し、述語以外の文の要素はいくらでも省略可能だ。主語もその例外ではない。ただ、ここの場合は文法的に省略可能だからというだけではなく、それとは別の理由が指摘できる。視点の問題である。

日本語の文章の視点は「私」が基本である。日本語は黙っていれば「私」が見たこと、感じたこと、思ったことを語っていることになる。だから普通はいちいち「私」と断るまでもない。もしわざわざ断れば、そのとき「私」は他の人と対比されている。客観化された「私」(one of them) が問題になっているのだ。

日本語の論理からすれば「国境の長いトンネルを抜ける」という表現は「私」――汽車に乗っている私――の視点から語られている。「私」の視点を考慮して引例を書き直せばこんなふうになるだろう。

(1)′　国境の長いトンネルを抜けたら、ほら目の前に雪国の景色がひろがってきた。夜の底が白くなったように感じる。おや、信号所で汽車が止まった。

つまり、日本語は自分の印象・思いを聞き手（読み手）にそのまま放り投げる。受け取る側としては発信者の立場に自分の身を置いて、追体験する（見る／感じる／思う）ことになる。「私」が省略されるという現象は日本語の発話環境依存性に起因する。

●日本語を外から見ると

(2)　このうちに相違ないが、どこからはいっていいか、勝手口がなかった。往来が狭いし、たえず人通りがあってそのたびに見とがめられているような急《せ》いた気がするし、しょうがない、切餅《きりもち》のみかげ石二枚分うちへひっこんでいる玄関へ立った。

（「みかげ」の傍点強調は原文）

(2)は幸田文『流れる』の冒頭部分である。「私」の視点から書かれた、省略の多い文章である。しかしその情報量はけっこう多い。「相違ない」、「勝手口」がヒントである。「勝手口」からはいらなければならない人間といえば、御用聞きとか使用人とか出入りの業者とか、ある階層の人間が想像される（「勝手口」とは懐かしい日本語だ。玄関と勝手口の使い分けは今でもあるのだろうか）。事実、この語り手は奉公口を探している女性だ。しかも、そんな人間には不釣り合いな硬い表現「相違ない」を使っている。かなり教養のある女性だという人物設定である（『流れる』は自伝的要素の強い作品である）。

冒頭の文は省略部分を補って書き直せば次のようになるだろう。

(2)′　（私のさがしている家は）このうちに相違ないが、（私は）どこからはいっていいか、（分からない。だってこの家には）勝手口がなかった（から）。

もっと必要な情報を織り込んで書き直せば、

(2)″　私のさがしている家は多分この家にちがいない。しかし、どこからはいっていいのか、私には分からない。私は玄関から入れるような身分の人間ではないので、勝手口を探しているのだが、どうしてもそれが見つからない。私はどうしたらいいのだろうか。

冒頭の一文をたとえば英語あるいはフランス語に翻訳しようとしたら⑵′くらいに省略部分を補った日本文、できれば⑵″くらいに説明を加えた日本語を用意しないと不可能だろう（普段このプロセスは無意識のうちに行われている）。こんなふうにいちいち書き出してみると、いかに日本語が隙間の多い言語であるかがよく納得できる。主語をそのつどしっかりと書き込むことは、表現内容を客観的に再構成することを意味しているのである。

ここまでの記述からも分かるように、日本語はきわめて発話環境依存的で、かつ主観的な言語だ。この日本語の特質は統語的には——文を組み立てるという観点からは——述語中心主義に由来している。

日本語の基本文は次の三つである。

⑴ 名詞文——大学生だ。

⑵ 形容詞文——美しい。（形容動詞も含める）

⑶ 動詞文——買った。

ご覧のとおり日本語には主語は必ずしも必要でない。文末に来る述語（名詞、形容動詞、形容詞、動詞）があれば文として立派に通用する。必要な情報はそのつど補えばいい。述語以外の要素は文字通り「補語」だ。統語的には日本語はきわめて単純な言語である。

§13 日本語の論理、ヨーロッパ語の論理

●三つの特質

日本語は基本的には主観的判断（と思う）か事実の記述（雨が降る）しかできない。

(1)　あなたは悲しい。（You are sad.）
(2)　彼は悲しい。（He is sad.）

(1)と(2)は英語なら問題ないが、普通の日本語では不自然である（たとえば(2)は小説の中なら可能だろう）。自然な日本語なら次のようになるはずだ。

(1)′　あなたは悲しそうだ／悲しそうに見える。
(2)′　彼は悲しそうだ／悲しそうに見える。

つまり、日本語は客観的な表現を目指すよりは「私」の視点から主観的に表現することに傾く。

ここまで確認した日本語の特質をまとめると次の三つになる。

[1] 発話環境依存的である
[2] 統語的に単純である
[3] 主観的である

この三つの特質のせいで日本語は抽象的＝観念的内容を表現するのには不向きだった。文を論理的に組み立てていくのが苦手だった。日本語が得意とするのは、具体的＝感覚的な描写や個人的な感情の表出である。その格好の例が短詩型文学（俳句や和歌）の隆盛である。ヨーロッパ人の目から見れば、十七字の俳句など長めの表題にしかすぎない。『省察』と言い習わされているデカルトの書物の正式な書名は『神の存在、および人間の精神と身体との実在的区別が証明されるところの第一哲学についての省察』である。

そのごく限られた短い詩型でさまざまな感情が盛り込めるのは、ひとえに上記の三つの性格のおかげである。逆に見ればこの三つの性格から自由になれれば、日本語でも抽象的＝観念的内容を表現できるということだ。こんなふうに言うと小難しく感じられるかもしれないが、具体的には「私」という視点をやめることだ。文の中で主語を大いに活躍させることだ。さらに言えば、主語にできる限り無生物（抽象的な言葉）を当てることである。

●伝統的な外国語教育は論理的思考力も養成していた

無生物主語を立てるため――硬い内容を表現するため――昔の人は漢文で書いたり、漢文を真似た文章で書いたりした。明治以降の人はヨーロッパ語の影響を受けた翻訳調で書いた。意外に知られていないことだが、評判の悪い「読み書き」中心の外国語教育は日本語力養成の役割を陰ながら果たしていた（「訳読」と「作文」は双方向の関係にある）。いや、日本語力だけではなく、思考力養成の役割も果たしていたのである。

「訳読」とは外国語（たとえば英語）をこなれた自然な日本語に置き換える作業である。外国語は抽象的主語を多用した名詞中心の文章が多い。いわば訳読とはバタ臭い翻訳調を自然な日本語に移し替える練習をしているようなものだ。

(1)　この世紀は一人の偉大な科学者の誕生を見た。（翻訳調）

(1)′　この世紀に一人の偉大な科学者が生まれた。（自然な日本語訳）

極論すれば「無生物主語」が分かるかどうか、これがある程度内容のある外国文を理解するための試金石になる。日常的な会話はなんとか話せるのに、文章（書き言葉）を読めない学生が多く出てくるのはこのハードルを越せないからだ。というのも、ここで問われているのは日本語力だけではなくて、論理的＝抽象的思考力なのだ。すでに触れたように日本語は基本的には主観的判断か、事実の記述しかできない。抽象的な内容を伝えようとすれば、手持ちの情報をいったんバラして——客観化して——再構成しなければならない。そのためには、日本語では主語に立たないような抽象的なもの（無生物）を主語に立てるセンス・能力がどうしても求められる。ここで問題になっているのは、比喩の一種である「擬人法」だ。「擬人」とは「人にたとえる、なぞらえる」という意味で、擬人法とは「無生物」を人間と見立て、人間のようにふるまわせる技法である。この技法を使うためにはしなやかな想像力＝連想力が求められる。

抽象的な文章を読んだり書いたりするというのは、なんのことはない翻訳調で考えるということなのだ。たとえば次のような二つのタイプの日本語を考えてみよう。

(2)　日本人の貪欲な好奇心が海外の文化の積極的な受容を可能にした。

(2)′　貪欲な好奇心のおかげで日本人は海外の文化を積極的に受け入れることができた。

(2)と(2)′の決定的な違いは主語の役割の軽重である（「日本人の貪欲な好奇心が」対「日本人は」）。言い換えれば名詞中心構文か、動詞中心構文かである。報告書や論文、評論などの硬い文章は名詞＝主語中心の翻訳調の文体で書かれている。本来の日本語では対応できないからである。これは述語中心の日本語の宿命である。ただ、念のため言い添えておくが、なんでもかんでも翻訳調で書きなさいと私はすすめているわけでは決してない。自然な日本語で書くことができれば、それがなによりである。でも、文明が日々発展している現代では翻訳調に頼らざるをえない場面も多々ある。だから、翻訳調的発想の重要性に注意を呼び起こしているだけだ。この点はくれぐれも誤解しないようにお願いしたい。

ということで、次節では名詞＝主語中心構文（「名詞中心文」と略記）と動詞＝述語中心構文（「動詞中心文」と略記）の双方向的な書き換えを練習することにしよう。

§14 「和文和訳」で表現力を高める

●名詞中心文を動詞中心文へ書き換える

どちらを先にしてもいいのだが、英語の授業でおなじみなので名詞中心文を動詞中心文に書き換える練習からはじめよう。

基本方針はとにかく「名詞を削ること」である。名詞を少なくすればするほど「こなれた」日本語になる。書き換えの原則は次の三つである。

[1] 名詞は動詞に換える
[2] 形容詞は副詞に換える
[3] 無生物主語は原因・理由、手段・条件、あるいは場所・時間の表現に換える

あとは、この三原則の適用に付随する、表現のちょっとした手直しである。それではいくつか例を見てゆこう。

(1)　世界の人口増加が食糧補給の問題を提起している。

まず「世界の人口増加」が問題になる。「増加」を動詞にして「世界の人口が増加する」とする。ここで[3]の適用である。すると「世界の人口が増加したので（増加したために）」という表現が考えられる。無生物主語をやめると、当然のことながら、文の残りの部分を手直ししなければならなくなる。「食糧補給の問題が提起されている」と受動表現にする手もあるが、「食糧補給が問題になっている」としたほうがいいだろう。そうすると次のような動詞中心文ができあがる。

(1)′　世界の人口が増加したので（増加したために）、食糧の補給が問題になっている。

次はちょっと複雑な例。

(2)　一郎の通報（知らせ）が私たちの事故を未然に防いでくれた。

まず[3]を適用し、無生物主語をやめる。

(2)′　一郎の通報（知らせ）のおかげで、私たちは事故を未然に防ぐことができた。

ここでやめてもいいのだが、さらに一歩進めて[1]を適用してさらに名詞を減らすことを考える。

(2)″　一郎があらかじめ知らせてくれたので、私たちは事故にあわずにすんだ。

今度は少しタイプの違った文に挑戦しよう。

(3)　この勝利は情報の巧みな利用の結果である。

名詞を削除したいのだが、「巧みな利用」と形容詞を伴っている。そこで[2]の原則を適用する。

(3)′　この勝利は情報を巧みに利用した結果である。

あるいはもう一工夫して、

(3)″　情報を巧みに利用したことで（ことによって、利用したおかげで）、この勝利はもたらされた。

次は、[2]の「形容詞は副詞に換える」を使う例を見よう。

(4)　彼のたびたびの脱線は、しまいには私をいら立たせた。

「たびたびの脱線」を「たびたび脱線する」に換える。あとは[1]と[3]を適用すれば、次のような文が得られる。

(4)′　彼（の話）はたびたび脱線する（脇に逸れる）ので、しまいには私はいらいらした。

だいぶ慣れたと思うので、次の例は説明は抜きで、書き換えのプロセスだけ示す。

(5) 謎めいた彼の沈黙が私たちを困惑させた。

(5)′ 謎めいた彼の沈黙のせいで、私たちは困惑した。

(5)″ なぜ彼が黙っているのか、どうしても分からず、私たちは困惑した（とまどった）。

名詞中心文を動詞中心文へ書き換える要領がお分かりいただけただろうか。

●動詞中心文を名詞中心文へ書き換える

動詞中心文を名詞中心文へ書き換えるには、いま見たプロセスを、要するに逆にたどればいいわけであるが、慣れていないぶん少しとまどうかもしれない。いってみれば、分かりやすい自然な日本語をわざわざ分かりにくい生硬な日本語に仕立て直すわけだから。ただ硬い内容の文章（レポートや論文）を書く場合には必要とされる発想法ではある。表現力を高めるためにも、ぜひ心得ておきたいテクニックである。

原則はすでに挙げたものを逆にすればいいのだが、念のため書き直しておく。

［4］動詞は名詞に換える

［5］副詞は形容詞に換える

［6］原因・理由、手段・条件、あるいは場所・時間の表現は無生物主語に換える

まず次の例を考えよう。

(1) 彼の情報が豊かだったので、私たちは驚いた。

［4］を適用して「豊かだった」を「豊かさ」に換える。それに伴って「私たちは驚いた」を「私たちを驚かせた」に換える。

(1)′ 彼の情報の豊かさが私たちを驚かせた。

次は［5］の「副詞は形容詞に換える」を使う例である。

(2) 子供たちは新しい生活環境に見事に適応する。

「見事に」を形容動詞「見事だ」に書き換える（日本語教育では形容動詞を「な形容詞」と呼ぶ）。

(2)′　新しい生活環境への子供たちの適応ぶりは見事だ（見事なものだ）。

次の書き換えはほぼ公式通りだ。

(3)　最近、大都市では犯罪が恐ろしく増加した。

(3)′　最近の大都市では、犯罪の恐ろしい増加が見られた。

もちろん、これでもいいのだが、まだ工夫の余地が残されている。それは、[6]の原則を使って「最近の大都市では」を無生物主語に仕立てることだ。すると次のような文になる。

(3)″　最近の大都市は犯罪の恐ろしい増加を見た。

(4)と(5)は応用問題である。二文を比較してみて、工夫のあとを読み取ってほしい。

(4)　あなたの協力がなければ、この計画を実現することができなかった。

(4)′　あなたの協力がこの計画実現の不可欠の条件だった。

(5)　人をからかうのは、たいていは精神が貧しいからだ。

(5)′　嘲笑《ちようしよう》はしばしば精神の貧しさの現れである。

要するに、双方向の書き換えのポイントは、名詞を少なくするか多くするかにかかっている。

●練習問題に挑戦しよう

それでは、実際に練習問題に挑戦してもらうことにしよう（解答例はあとに挙げる）。

●次の各文を動詞中心の「こなれた」日本語に直してみよう。

(1)　物価の上昇はあらたなストライキを引き起こしかねない。

(2)　偶然が彼に迫害者の名前を教えた。

(3)　社交界が彼を洗練させる。

(4)　死の想念は彼にいかなる恐怖も感じさせなかった。

(5) 仕事不足は、より豊かな国々への多数の労働者の移住を強いた。
(6) この二人の学者の見解の相違は、彼らの昔からの友情をいささかも変えなかった。
(7) 今の時代はわれわれに大きな発想の転換を迫る。
(8) 物質的な財産への無関心が彼に幸福な生活をもたらした。
(9) 道路よりもテレビが農民の孤立状態を解消した。
(10) 芸術とは、人間存在のはかなさの、一つの至高の形式による永遠化である。

●次の各文を名詞中心の「硬い」日本語に直しなさい。

(11) 美しいからといって必ずしも幸せになれるとは限らない。
(12) 考えるということは人間が生まれつきもっている能力である。
(13) アイデアが豊富だからといって必ずしも作者が独創的だということにはならない。
(14) 多くの偉人たちは高慢のせいで破滅した。
(15) われわれは長い研究のおかげで、この発見にたどり着けた。
(16) この仕事は全員が協力しなければならない。
(17) 美徳とは絶え間のない闘いによって勝ち取られるものだ。
(18) われわれが成功するためには、どうしてもあなたに援助してもらわなければならない。

(19) 彼の手紙を読めば、彼が思いやりのあったことがよく分かる。

(20) このニュースのせいで、政界に激震が走った。

●解答例

(1) 物価が上昇しているので、ストライキがまた起こるかもしれない。

(2) ひょんなことから、彼は迫害者の名前を知った。→ひょんなことから、彼は迫害者が誰かを知った。

(3) あのような男だって社交界に出入りするようになれば、あか抜けする。

(4) 死ぬかもしれないと考えても、彼はいっこうに平気だった。

(5) 仕事がないので、多くの労働者がより豊かな国々へと移住せざるをえなかった。

(6) この二人の学者は考え方は違っているけれども、昔からの友情にいささかの変わりもなかった。

(7) 今の時代は思いきってわれわれの考え方を変えなければならない。

(8) 物質的な財産にとらわれなかったおかげで、彼は幸せに暮らしている。

(9) 道路ができたことよりも、テレビが見られるようになったことで、農民は取り残されていると感じなくなった。

(10) 芸術とは、はかない人間存在を一つの至高の形式によって永遠のものに変えることである。

(11) 美貌は必ずしも幸福を約束しない。

(12) 思考は人間の生来の能力である。

(13) アイデアの豊富さは作者の独創性を必ずしも保証しない。

(14) 高慢が多くの偉人たちを破滅に追いやった。

(15) 長い研究がわれわれにこの発見をもたらした。↓ この発見はわれわれの長い研究の成果である。

(16) この仕事には全員の協力が必要である。

(17) 絶え間のない闘いが美徳を勝ち取らせる。↓ 美徳とは絶え間のない闘いの戦果である。

(18) われわれの成功のためにはあなたの援助がどうしても必要だ。↓ あなたの援助がわれわれの成功の不可欠の条件だ。

(19) 彼の手紙は彼の思いやりの証拠である。

(20) このニュースが政界に激震を走らせた。

●§1から§14までのおさらい

思い返せば、ここまでは文の単位（次元）で問題を考えてきた。分かりやすい、読みやすい「文」を書くにはどうすればいいのかをひたすら考えてきた。そして作文術の心得としていくつか注意をうながした。それを箇条書きにして、まとめれば次のようになる。

[1] 書き言葉の日本語は「外国語」である
[2] 作文は「真似ること」である（定型表現をうまく利用すること）
[3] なんでも放り込める日本語のいい加減さ（柔構造）は油断をすると「悪文」の温床になる
[4] 日本語は「コンテクスト」（発話環境依存性）に寄りかかっているため省略が多い
[5] 日本語の主語は「補語」でしかない
[6] 日本語は語順が自由で、曖昧になりやすい。それを避けるため、長い語群（文節）を前に出すこと、修飾語と被修飾語を近づけること、あるいは読点の打ち方を工夫することを心がける
[7] ハは主語だけでなくヲ、デ、ニなどを兼ねて変幻自在であり、また文を越えてか

かることができる

[8]　ハとガの使い分けは視点の取り方で、ハは選択的対比、ガは排他的特定を表す

[9]　述語中心の「主観的」日本語の弱点を克服するため、抽象的＝観念的な内容を書くときは、無生物主語を駆使した名詞中心の構文を心がける

ここまでに学んだことをしっかり実行すれば、間違いなく「達意」の日本語を書くことができる。これは太鼓判を押してもいい。

II

文をまとめる

——段落道場

§15 文から文章へ

●文章のひな形はラブレター

ここまで私たちが問題にしたのは基本的には「文」であった。ここからは「文」の集まりである「文章」を取り上げることにする。

まず初めに問題になるのは、「文章」とはなにかということだ。実をいえば、これは大問題である。しかしながら、ここでは実用文という観点から考えることにしよう。そうすると、答えははなはだ単純明快だ。文章とは「人を説得するために書くもの／書かれたもの」ということになる。これが私たちの文章の定義だ。文章の目的は説得することである。

それでは、説得力のある文章とはどんな要件を満たさなければならないのだろうか。論の進め方のような厄介な問題はしばらく置くとして、基本的には次の三点を確認すればいいだろう。

［1］曖昧でないこと（誤読・誤解を誘わないこと）
［2］難解でないこと（難しい表現や特殊な用語が使われていないこと）

［3］独りよがりでないこと（不快の念を与えないこと）

別のことを言っているようだが、実はこの三つには一つの共通点が見いだせる。それは読み手に対する濃《こま》やかな気配りである。説得には相手がある。説得はこちらの考えを相手に受け入れてもらうことである。相手から「同意を取りつけること」である。こちらがどんなに立派な文章を書いても相手が受け入れてくれなければなんにもならない。相手の心を動かすためには、相手に対する思いやりが求められる。

文章を書くことのひな形は恋文（ラブレター）にあるとはよく言われることである。私もそのとおりだと思う。ラブレターは自分の燃えるような思いを相手に伝えなければならない。自分の思いを相手に伝えて、相手も自分のことを思ってくれるように気を配らなければならない。

そう、文章のひな形はラブレターである。ラブレターを書くときのように相手（読み手）のことをおもんばかって文章は書くべきなのだ。具体的には文章を書くときには、ある特定の読み手（たち）を念頭に置きながら書くとよい。たとえば専門的な文章なら職場の同僚、啓蒙《けいもう》的な文章なら生徒・学生、くだけた文章なら親友などという具合に。自分の文章が読み手にどう読まれるか、どういう印象を与えるか。自分をいったん突き放して相手の身になって書く――このモットーを実行するだけで、どれほど悪文は減ることか。悪文とは読み手に無用の努力（心理的負担）を強いる文章のことだ。誤読できない、また誤読させない、気配り十分な文章を書かなければならない。一読してすらすらと頭にはいってこない文章は悪文だ。文章を書くエチケットは「ちょっと読み手の身になって書け」ということである。

●主張には必ず論拠を

人を説得するには自分の主張をただ並べるだけでは駄目である。主張には必ず論拠を示さなければならない。言い換えれば「説得」とはきちんと理由（論拠）を挙げて自分の考え（主張）を相手に示すことだ。文章は必ず「主張する部分」と「理由を挙げる部分」とを含まなければならない。自分の意見・考えを論拠も挙げずに主張する言い放しの文章は単なる「感想文」であり、「文章」とは認められない。

文章はその用途に従っていくつかのタイプに分類できる。たとえば次のように。

文章｛芸術文｛詩、小説、戯曲など
　　　　　　｛作文、手紙、エッセーなど
　　｛実用文｛論述文、意見文、レポート、小論文、ビジネス文書など

芸術文と実用文を分けるのは目的の違いだ（「芸術」は広く解釈してほしい）。文章には「表現」を目的とする文章と、「伝達」を目的とする文章がある。前者は読者に「感動」を与えるのを主たる目的とする文章（自己表現型）で、後者は「情報」を与えるのを主たる目的とする文章（情報伝達型）だ。右の分類はいわば内容（目的）を基準にした分類である。しかし形式的に見れば、すべての文章（もちろん感想文は除く）は一つのパターンに集約される。「主張」と「根拠」（説明）の二段構成である。この事実は芸術文（感動伝達）でも、実用文（情報伝達）でも変わらない。

右の説明は実は「文章は説得である」という先ほどの主張の言い直しにすぎない。「感動」を与えるにせよ「情報」を与えるにせよ、それは相手の同意（共感）を前提にしている。

読み手はこちらの「気持ち」に共感するからこそ「感動する」のだし、こちらの「考え」に同意するからこそ「情報」を受け入れるのだ。思想（情報的なもの）については改めて言うまでもないだろうが、感情（情緒的なもの）についても「感動させる」ためにはそれなりの理由づけ（根拠）が必要だ。それなりの理由があるからこそ私たちは「感動する」のだ。主張には必ず論拠を挙げる——これは文章を書く上での鉄則である。

文章は、キャッチコピーのように一文でも可能であるが、普通は複数の文からなる。だから当然のことながら、文と文をどうつなぐか（順序・配置）が問題になる。「つづる」という動詞は語源的には「糸などで二つ以上のものをつなぎ合わせて布地や衣服にする」ことだという。文を綴るとき、私たちは「文章という織物」を織りあげているわけである。

そうだとすれば、私たちの次なる問題は「段落」ということになる。

§16 段落とはなんだろう

●段落の役割

もちろん、みなさんは「段落」という言葉をご存じだろう。ただこの言葉も前に問題にした「読点」と同じで、改まって問い直してみると、つかみどころがない。いくつかの国語辞典の説明を総合すると「文章中の意味の上での大きな切れ目」ということになるようだが、やはり釈然としない。「大きな」が曖昧だ（この点は後で考える）。段落は英語でいえば「パラグラフ」である。「パラグラフ」の語源は「脇に書かれたもの」ということで、その昔、文章の切れ目を記すために線を引いたことに由来する。

実をいえば「段落」という観念は、もともと日本にはなかった。昔の日本の書物はどんなに長い文章でも、切れ目なしに延々と書かれていた。古典文学全集や文庫などに収録されている古典は「読みやすいように」編者が段落を適当に入れている（見出しをつける場合もある）。そう、段落の大切な役割は文章を「読みやすく」することなのだ。段落のない文章は非常に読みづらい。

段落という観念がなかった伝統を血の中に受け継いでいるのだろうか、「パラグラフ」を「段落」と翻訳してみたものの、日本人はどうもこの観念になじめないらしい。中等教育までに習っているはずなのに、実際にちょっとした文章を書かせてみると、大学生でもまったく段落なしの文章を平気で書いてくる。あるいは、内容とは関係なく適当な長さのところで機械的に段落を立てる。いずれにしても、段落という観念がまるで分かっていないのである。

ところが、こんな学生たちに「ほかのことはいいから、段落のことだけを考えて文章を書き直してみなさい」と指示すると、返ってくるレポートは必ず前よりよくなっている。段落だけでなく、あちこちに手がはいっている。文章の組み立てを考え直すからだろう。こんな例を見ても段落が文章の流れと深く関係していることが分かるだろう。

ちなみに、日本の学校教育では「形式段落」と「意味段落」を区別するが、量的な物差しが主のようだ。パラグラフは「意味段落」に近いが、それとも少し違う。以下、なるべく横文字は避けたいのと、簡潔さを優先させて、「段落」という言葉を使用するが、実際は「パラグラフ」のことである。

先ほどの説明のなかに「大きな切れ目」とあった。この「大きな」は一応「量的な」ものとは関係がないと言っておこう。問題になるのは話題（内容）の一貫性である。だからたった一つの文でも段落を作ることができる（「強調の段落」と呼ばれる）。段落とは内容的＝意味的に一つにまとまった、いくつかの（一つでもいいが）文からなる「相対的に」独立したユニット（単位）である。

●段落の目安

わざわざ「相対的に」と付帯条件をつけたのは、段落はあくまでもほかの段落との関係を抜きに語ることができないからだ。読点のときもそうだったが、段落の取り方も対象とする読者（年少者／大人）によって、また、本の内容（啓蒙書／専門書）によって変わりうる。あるいは、筆者の好みもある。ただ言えることは、段落が少なすぎると読みづらいのは当然だが、そうかといって、多くすればいいというものでもない。あまり段落を入れすぎると、読点の場合と同じで、肝心の「切れ目」の役割を果たさなくなってしまう。「量的な」ものとは関係がないと言った舌の根の乾かないうちに、こんなことを言うのもなんだが、「どんなに長くとも二百字以内に最低一つは段落を入れること」をおすすめする。

段落を入れる本当の目安は話題が変わったとき、あるいは同じ話題でも視点が変わったときである。「イカやエビをふわりと揚げるには……」と題された次の文章を読めば、段落の実際を納得できるはずだ（傍線強調は引用者による）。

新鮮なイカやエビを揚げてフライや天ぷらにしたとき、堅くておいしくないことが多い。どうすればやわらかく揚げられるのだろうか。

揚げ物は、加熱したあと、急に冷やすことができない。そのため、残っている熱が、どんどん材料を変化させる。そこでエビやイカのように、火が強く通るほど堅くなるものでは、十分に揚げると、火が通りすぎになり、堅くなるのだ。

どうしても、家庭で揚げるときは十分に揚がるまで加熱するきらいがある。しかし、これを、八分どおり火が通り、まだ中心部は少し生かもしれないといったときに油からあげると、残りの熱で加熱が進み、中心部までかるく火が通った状態でしあがる。このような状態であればソフトでおいしい口あたりになるのだ。いわば、ステーキでいうミディアムくらいの火通りで油からあげるのがポイントである。

（河野友美『「料理・食べもの」ものしり雑学』三笠書房、一九九〇年、九二ページ）

ご覧のとおり段落の大きさ（長さ）はばらばらだ。くどいようだが、段落の長さを「量的に」そろえる必要はない（欧米ではむしろ段落の大きさに変化をもたせるのをよしとする）。ところで、傍線部の文に注意してほしい。これらの文はそれぞれが属している段落の中心思想を表している。このように段落の中核になる文を「トピック・センテンス」（中核文）と呼ぶ（ちなみに、すぐ後に出てくる「補強文」もそうだが、「中核文」は私の用語だ。別に他意はない。長ったらしい横文字は避けたいとの一念からである）。中核文は段落の先頭に来ることが多い。第三番目の段落は中核文が二つ——最初の文と最後の文——あるように見えるが、同じ内容を表と裏から表現しているので実質的には一つと考えてよい。このように中核文を繰り返すことは効果的である。もっとも、最後の一文を独立させる手はある。つまり「強調の段落」にするわけである。

いま「中核文は段落の先頭に来ることが多い」と書いたが、「中核文は段落の先頭に置くべし」と言い換えるべきだろう。なぜか。次節で、その理由を考えることにする。

§17　結論を先に

●中核文の役割

前節で、中核文について「段落の中心思想を表している」文、「段落の中核になる文」と定義したが、もっと端的に「段落の内容を要約した文」と言い直すこともできる。形式的には、中核文は段落のどこに置いても差し支えない。しかしながら実際的には、中核文は段落の先頭に据えるのがおすすめである。なぜだろうか。これに答えるためには、中核文の悪い使い方を体験してもらうのがなによりだ。

たとえば電話口で上司が次のようにあなたに話したとする。

「三時からの会議のことだけど。新幹線でトラブルがあって、いま列車が大幅に遅れているんだ。どうも○○と△△の間で、強風にあおられてなにかが線路上に落下したらしいんだよ。その撤去にだいぶ手間どってしまったんだ。十分ほど前にやっと飛来物を撤去できたらしい。

小一時間もかかったんだよ。もっと迅速な対応をすべきだよ。それにさ、いまだにその飛来物がなにか発表がないんだ。もっとも、ちょっと前に、車内放送が流れた。○○駅で足止めを食わされていた列車が間もなく動くらしいんだ。私の乗っている列車は今××駅に停車しているんだけど、やはり間もなく動くらしい。ほんとによかったよ。これで三時からの会議にはなんとか間に合うよ。安心してくれ」

「なにが安心してくれだ」と、上司でなかったら怒鳴りつけてやりたいところだろう。「ちょっと前に」車内放送があったのなら、その内容をいの一番に伝えるべきである。こういう話し方をされると聞いているほうはたまらない。じれったい。いらいらする。しかし、日常生活ではこの手の話し方によく付き合わされる（断る場合や弁解する場合に特に目立つ）。

上司の話し方のどこに問題があるのだろうか。賢明なる読者諸兄はとっくにお見通しのはず。そう、大事なこと、知りたいことを最初に提示することだ。まず最初に「新幹線でトラブルがあったけど、三時からの会議には間に合う」と知らせることだ。そうすれば聞いているほうも余計な心配はしなくてすむ。いちばん大切なこと（結論）を先に言う――これだけを心がけるだけで、あなたの文章は見違えるほど読みやすくなる。分かりやすくなる。

●補強文の役割

結論（中核文）を先に出す書き方は話をすっきりさせ、相手をいら立たせないだけではない。もう一つの思わぬオマケがつく。それは話（論）の展開が乱れない、横道に逸れないということだ。結論をあらかじめ示してあるので、後に来る理由づけ（論拠）はいくら長くなっても論を乱すことはない。むしろ理由づけの補強になる。理由づけを先に挙げる書き方は文章が短い場合は破綻《はたん》が生じないが、いくつかの理由を挙げるときには問題が生じる。だんだんあらぬほうに話が逸れてゆく。特に書き慣れない書き手の場合は。まず初めに自分の言いたいこと（主張）をずばりと言い切る。それから、おもむろに自分の論拠を挙げる。そして必要な場合には――たとえば長い段落の場合や、強調したいとき――段落の最後でもう一度、結論を繰り返す。大事なことは何度でも繰り返す、これは覚えてほしいモットーである。

段落の内容（主張・結論）を一文で言い表したものが中核文であるとすれば、中核文以外の文はすべてサポーティング・センテンス（補強文）と考えてよろしい。補強文は中核文の助っ人である。補強文の積み重ねを論証では「議論の厚み」と呼んで重視する。補強文は中核文と「内容的に」結びついていなければならない。つまり「一段落、一論点」が原則である。

具体的には、補強文は次のような形をとることが多い。

[1]　中核文を補足・説明する（敷衍《ふえん》）

[2] 具体例を挙げる（例証）
[3] 根拠を示す（理由づけ）
[4] ほかの事例と比較・対照する（類似例ないしは反対例）
[5] 中核文を別の側面から捉え返す（影響、帰結、展望など）
[6] 段落を締め括る（中核文を言い直す、次の段落へつなげる）

●清少納言とパスカルを読む

中核文と補強文の使い分けの実例を清少納言とパスカルの文章で見ることにしよう。まず清少納言から。


春はあけぼの。やうやうしろくなり行く山ぎは、すこしあかりて、紫だちたる雲のほそくたなびきたる。

夏は夜《よる》。月のころはさらなり、やみもなほ蛍《ほたる》飛びちがひたる。雨などの降るさへをかし。

秋は夕暮。夕日花やかにさして山ぎはいと近くなりたるに、烏《からす》のねどころへ行くとて、三つ四つ二つなど、飛び行《ゆ》くさへあはれなり。まして雁《かり》などのつらねたるが、いと小さく見ゆる、いとをかし。日入《い》り果てて、風の音《おと》、虫の音《ね》など。

冬はつとめて。雪の降りたるは言ふべきにもあらず。霜などのいと白く、またさらでもいと寒きに、火などいそぎおこして、炭持《すみも》てわたるも、いとつきづきし。昼になりて、ぬるくゆるびもて行けば、炭櫃《すびつ》、火桶《ひおけ》の火も、白き灰がちになりぬるはわろし。

（『枕草子』、『日本古典文学全集11』小学館、一九七四年、六三ページ）

【現代語訳】

春は夜明け。だんだん白んでゆく山ぎわが少し明るくなって、紫がかった雲が細くたなびいているのは（いい）。

夏は夜。月の出ているときは言うまでもない。闇夜も、蛍が乱れ飛んでいるのはやはり。雨などの降るのさえ面白い。

秋は夕暮れ。夕日がはなやかに射して山ぎわにぐっと近づいた頃合い、烏がねぐらに帰るとて三つ四つ二つなど、飛んでゆくのさえ趣がある。ましてや雁などが列をなしているのがひどく小さく見えるのは、実に面白い。日が沈みきってしまって、風の音、虫の音など（は実にいい）。

冬は早朝。雪が降っているのは言うまでもない。霜などがたいそう白く、またそうでなくてもひどく寒いのだけれども、火などを急いで起こして炭をもって廊下を渡るのも、とてもこの場にふさわしい。昼になって寒さがどんどんゆるんでくると、囲炉裏と火鉢の火も、つい白い灰がちになってしまうのはどうも感心しないことだ。

この文章は、四季折々の好ましい時分を繊細な感性で感じ取り、その情趣を簡潔に表現している。「春はあけぼの。……夏は夜。……秋は夕暮。……冬はつとめて。……」——大きく見ればこの文章は四つの段落から成る。

この文章にはいろいろな工夫が凝らされている。まず四季を四つの段落に配当する構成（対称）が見事である。ついで、その段落の頭で意外性のある結論を提示しているのがいい。そしてまた、大胆な省略法を駆使した表現が簡にして勁《けい》、実に小気味いい。

大胆なといえば、文例の末尾に配された「わろし」の効果にも注目したい。「をかし」、「あはれ」、「つきづきし」と肯定的判断が続いたところで、最後で「わろし」とどんでん返しを用意している。全体への目配りがきちんとできる作者にして、初めてできる芸当である。

中核文の出し方、具体例の示し方、対比の妙などじっくりと味わっていただきたい。

ともあれ、巨細《こさい》にわたる心憎いばかりの構成である。鋭敏な感受性と理知的な構成力——もし、かのパスカルが清少納言を知ったならば、「繊細の精神」と「幾何学の精神」を兼備する才女として、必ずやオマージュ（賛辞）を捧げたにちがいない。
次には、そのパスカルの文章を紹介しよう。

人間は自然のなかで最も弱い、一本《ひともと》の葦にしかすぎない。だが、それは考える葦である。彼を押し潰すためには全宇宙が武装する必要はない。蒸気や一しずくの水でも人間を殺すには十分だ。しかしながら、たとえ宇宙が彼を押し潰そうとも、人間は彼を殺すものよりも尊いだろう。なぜなら、彼は自分が死ぬこと、また宇宙が自分よりも優れていることを知っているからだ。宇宙はそれについてなにも知らない。

（パスカル『パンセ』、傍線強調引用者）

傍線の部分が中核文である。頭に置かれた中核文の後には、清少納言の場合のように具体例（挙例の補強文）が挙げられるときと、パスカルの場合のように説明・解説（論拠の補強文）が来るときがある。ひとり歩きしてしまった感じのある名言「人間は考える葦である」も、もとをただせば「説明つきの警句」であった。手を替え品を替えて理由づけし、「議論の厚み」を増している。先ほど、中核文を先頭に出すと、議論が横道に逸れない、理由を挙げれば挙げるほど理由づけの補強になると説明したが、パスカルの文章は格好の例である。

§18 段落の流れ

●中核文のさらなる役目

中核文の役目をまとめれば次の三つになる。

[1] 段落の内容を要約する
[2] 段落の流れを予告する
[3] 読者の関心を引く

すでに説明した[1]が中核文の基本的役割である。しかしながら、場合によっては[2]と[3]のような役割も果たす。

[2]は問題の段落が文章の流れの中でどのような位置を占めているのかをあらかじめ読者に知らせることによって、読者の無用な混乱や誤解を取り払う役目を果たす。文の流れが込み入ってきたときなどは、こういった方向づけが必要になってくる。たとえば「ここでは三つの例を考えてみよう」のような文。こういう指示があれば、この段落は例証が問題になるこ

とが明示される。あるいは、「なぜ日本の海外協力が見るべき実効をあげないのか、その原因を検討したい」と予告されれば、読者もそのつもりで身構えるだろう。

［3］の「読者の関心を引く」という役割を理解するには、次の文章を読むといいだろう。

発想法というものはいったい世の中にあるのか。文字どおり考えれば、それはアイディアをつくりだす方法である。そんなものはいかがわしいものであって、いいかげんな思いつきであり、きわものとして取りあげられるのではないかと考える人が多いかもしれない。私もはじめは発想法などを考えるつもりはなかった。ところが、その私のなかにいつのまにか、発想法が存在しうるという見解が成長してきたのである。

（川喜田二郎『発想法』中公新書、一九六七年、四ページ）

冒頭の一文が中核文である。中核文はこんなふうに疑問文の場合もある。ここは、たとえば「確かに発想法というものは世の中にある」と普通に書くこともできたはずだ。疑問文の中核文はインパクトが強い。ぜひ試してみるといい。あるいは、この一文を削除しても、この段落は立派に成り立つだろう。そのときは最後の一文が中核文に昇格することになる。

しかしいずれにしても、原文のパンチ力はなくなってしまう。まず、疑問を投げかける。

ついで、否定的な意見を並べたてる。最後にどんでん返しを用意する。実にうまい誘導である。冒頭の中核文は修辞的疑問と解すべきである。最後の一文は中核文の言い直しである。だめ押しである。

●段落を分析する

ここまでの説明で、中核文と補強文についてお分かりいただけただろうか。ただ、段落はいつも中核文と補強文からできているというわけではない。それが言えるのは大きめの段落だ。小さい段落からなる文章では一つの段落が中核的役割、補強的役割を演じることもある。「中核的」段落、「補強的」段落と見なしても差し支えのないケースだ。中核文・補強文を膨らませて段落に昇格させたと考えればよろしい。次の加藤周一の文章が格好の見本である(丸数字は引用者)。

①日本の政府とメディアは言葉をうまく使ってごまかしていると思います。不快な事実、あるいは隠したい事実がはっきりと見えないように、それをごまかすようにユーフェミズム(遠まわしの言い方)が作用している。政府側が使う場合には、それは大衆操作の道具になる。

②敗戦を「終戦」、占領軍を「進駐軍」というのはその極端な例です。また、一〇〇万人の大軍が作戦していてもまだ「日中事変」なのです。これほど立派な戦争はない。

③それは単純に政府の一方的な操作ということだけではなくて、日本社会で議論をする習慣が少ないということです。ことに各種議会をはじめ公的な場面での議論が少ない。それはメディアにも典型的に現れている。たとえば、英国だったらメディアの中で正面切って公的な問題を議論する。

④日本では、ある問題について二つの意見があるときに、それを突き合わせてどういう根拠でそういうことをいうのか、両方が議論の中から学べるものは少ないのではないか。正面からはっきり物をいわない。論戦を好まないから、はっきり物をいわない。はっきり物をいわないから論戦ができない。相互に密接に絡んでいて、それが破局を招くような問題にまでなる。

⑤カタカナを使うことが好きだということも、一種のユーフェミズムとして作用している面がある。雰囲気で言論を運んでいて、言葉を通してはっきりと事物を捕まえるというのではない。日米関係といえばいいところを国際関係という。より広い言葉の中に流し込んでしまって、具体的にいわない。

⑥不快なこと、悪いこと、嫌なことを大体隠す。あるいは和らげるように使っている。そして全体として、日本国にあまり悪いことはないという印象がつくり出されるようになっている。

（加藤周一『私にとっての二〇世紀』岩波書店、二〇〇〇年、二一九—二二〇ページ）

①が「中核的」段落である（しいて言えば「日本の政府とメディアは言葉をうまく使ってごまかしていると思います」という文が中核文だ）。②から⑤までが「補強的」段落で、②と⑤は具体例を挙げ、③はほかの事例と比較・対照し、④は根拠を挙げている。⑥は①の内容を別の観点から言い直している、「締め括り」の段落である。

加藤の文章は、中核文と補強文のつながりと段落間のつながりがパラレルの関係にあることをよく示している。

§19 段落の分割

●長い段落を分割する

前の二節で、中核文と補強文の役割をお話しした。この節では実際に段落に分ける練習をする。

前に段落を大きくとるか小さくとるかはケースバイケース、あるいは好みの問題だと書いた。ただ、使う物差しは途中で変えないほうがいい。硬い文章は段落が少なくなる傾向がある。また息の長い文章を書く著者は段落も大きくなりがちである。だから長い段落をいちがいに駄目だと決めつけるわけにはいかない。しかし本書が問題にしている実用文では、「読みやすさ」という観点から段落の上限は二百字前後に置きたい。

ところで、次に挙げる文章は須賀敦子のエッセーから抜いたものであるが、ゆうに七百五十字を超えているのに段落が一つもない。これはこれとして好い文章であるが、実用文の物差しで測ればいくつか段落がほしいところだ。ということで問題を出します。

【問題1】話の展開を考えて、次の文章をいくつかの段落に分けなさい（新しい段落の頭を示す英字をチェックすること）。

デジャ・ヴュというフランス語を最近、雑誌などでよく見かけるようになったが、どこかそれに似てなくもない現象に出会って、愕然とさせられることがある。(a)それは、たとえばこんなふうに起きる。(b)本を読んでいて、あるいは散歩の道すがらなどで、ぐうぜん目にはいった事柄について、それまでは考えてもみなかった疑問をおぼえたり、興味をそそられたり、感動を喚び覚まされたりすることがある。(c)対象は本ぜんたいであることもあり、その一部分であったり、ときには、ぐうぜん通りかかった道の名にすぎないこともある。(d)ここまでは、だれでもに起ることだろう。(e)しかし、私の場合はそこで終らない。(f)それはこうである。(g)本で読んだり道で見たりしたその瞬間には、あ、そうか、ぐらいで済むのだが、どういうものか、それからまもなく、たとえば数日とか数時間、ときには数週間をおいてから、こちらの意志とはまったく関わりなく、ふたたびおなじ事柄に別の本のなかでぱったり出会ったり、それが人との会話に出てきたりして、自分ではほとんど忘れかけていた興味なり感動なりが、再度、喚び覚まされるのだ。(h)しかも、それが一度とはかぎらないで、くりかえし、おなじことが起る。(i)ぐうぜんといえばぐうぜんなのだろうが、こちらがそんな経験をもったことを知っているはずのない人から、その事柄についての本をもらったり、こちらが訊ねもしないのに、そのことが相手の口にのぼったりして、えっ、どうしてなの？と驚く。(j)まるで物事の背後に目に見えないネットワークとか電線がひそかに敷かれていて、それがこちらの興味のおもむく方向を本人である私の知らないまに把握し、支配しているのではないかと疑ってしまうほど、（i）なんともいえない奇異の感に打たれるから、「知識は連なってやってくる」といいたくなるほどだ。（k）どこかで陰謀を練っているヤツらがいるに違いない。

（須賀敦子「ザッテレの河岸で」、『地図のない道』新潮社、一九九九年、一三五―一三六ページ）

【解答】どうです、うまく段落を作れましたか。

まず(a)で段落を入れる。冒頭の文は全体を要約する「強調の段落」と考える。(a)以下は具体例になる。この具体例の受け取り方で次の段落が違ってくる。大きくとって(i)からとするか、視点が変わったと考えて(e)からとするか。どちらでも差し支えないが、(e)で段落を新しくすれば、「対比」の効果が期待できるので、こちらのほうがおすすめだ。いずれにしても、(i)で段落を起こす。ここは締めくくりの段落で、自分の体験に対するコメント・感想である。最後の(k)はちょっと気がきいているので、「強調の段落」に昇格させても面白いかもしれない。

●普通の段落をさらに分割する

【問題2】次の文章は長さの点で一つの段落として特に問題はないが、あえて小さい物差しを使えば、三つの段落に分割できる。どことどこで新しい段落を起こしたらよいか。

近年、人々は豊かな自然そのものを見つめ、われわれを囲む環境に関心が集まっている。(a)人々は神の法則をのぞき込むことにではなく、それがいかなる豊かな自然を招来するのかに興味が移ったともいえる。(b)このような社会の風潮、価値観と気脈を通じたような動きが物理学の内部でも起こっている。(c)方程式に辿り着いて終わるのではなく、これが招来する結果を具体的に見る関心から、カオス〔＝予測できない複雑・不規則な現象を研究する理論〕などの多彩な研究が展開している。(d)また方程式から結果を導出するアルゴリズム〔＝問題を解決する手順や計算方法〕への関心などもそうである。(e)これらはコンピュータの普及が助けになって大いに発展している。(f)したがってここにも新しいイデオロギーを育む物理学の温床はあるのである。(g)この動きは「複雑系の科学」を旗印に複雑な豊かさそのものを理解しようと目指している。

（佐藤文隆『科学と幸福』岩波現代文庫、二〇〇〇年、一一五ページ）

【解答】答えは(b)と(e)である（ちなみに中核文は冒頭文）。第一段落は一般社会の新しい動向を話題にしている。第二段落はそれと呼応するような物理学界の動きを問題にしている。具体例を挙げている（例証）。第三段落は第二段落の背景説明と今後の動向を述べている。

III

段落を組み立てる

――論証道場

§20 「強い」論証と「弱い」論証

●論証と論拠

　これまで見てきたように文と文をうまく組み合わせると段落ができあがる。そうすると次に控えている問題は段落と段落をどう連結させたらいいのか、つまり段落のつなぎ方である。え、また難しい規則があるのと、腰の引けた読者もあるにちがいない。しかしご安心あれ。段落の作り方でやったことをほぼそのまま踏襲すればいいのだ。前に挙げた加藤周一の文章を思い出してほしい。文章（説明文・論述文）は段落を拡大・拡張したものだと考えればよろしい。ただし、規模が大きくなるぶん、慎重な対応と目配りが求められるけれども。いうなれば文章は、文というユニット（ブロック）がしっかり組み合わされてできあがる建築物のようなものだ。段落と段落がうまく組み合わさっていないと、傾いたり崩れたりしかねない。

　ところで、論を組み立てるとき、問題になるのが論証である。前に文章（議論）には「主張」と「論拠」（理由づけ）があると言った。特に論拠の重要性を強調した。論拠というとなにか理屈っぽいものを想像するかもしれないが、そんなに大げさに考える必要はさらさらない。自分の主張（言いたいこと）を支持・補強してくれるものならなんでもいい。ただ、そうはいってもおおよその線引きは可能である。その一つは法則や原理のようにきわめて確実度が高くて強力なもの。もう一つは経験や観察で得られたデータのように確実度が少し劣るもの。前者は太鼓判の押せる論拠、後者はちょっと危ない論拠だ。ここでは、太鼓判の押せる論拠は「法則的なもの」、ちょっと危ない論拠は「経験的なもの」とおおざっぱに考えることにしよう。

そうすると、論証には二つのタイプ、つまり「法則的なもの」に基づく信頼できる「強い」論証と「経験的なもの」に基づく多少の疑念を残す「弱い」論証があるということになる。自然科学が問題にするのは「強い」論証だが、それにひきかえ社会科学、人文科学が問題にするのは「弱い」論証である。

●演繹法と帰納法

多分、みなさんは演繹《えんえき》法と帰納法という言葉を耳にしたことがあるにちがいない。演繹法とは、与えられた確実な前提（法則的なもの）から出発して結論（主張）を引き出すプロセスのことである。そのプロセスは次の三つの段階を踏む。

［1］「法則的なもの」（基準）を述べる。

［2］　ある事実を挙げる。
［3］　その事実が基準に合致するかどうかを判定する。

演繹法は「与えられた」前提を出ることは決してない。その前提は普遍的なもの、一般的なものと見なされている。演繹法は一般から特殊（個）に向かう。そして演繹法はなんら「新しいもの」はもたらさない。絞り込むだけである。ここに帰納法との本質的違いがある。

一方、帰納法は特殊（個々の事例）から出発して、一般化に向かう。そのプロセスは次のようになる。

［1］　複数の「経験的なもの」（データ）が集められる。
［2］　データのあいだの「共通性」を探す。
［3］　その共通性から一つの解釈を引き出す。

演繹法は「法則的なもの」を意外な対象に「適用」する。「新しいもの」は出てこないが、気づかれなかった対象にスポットライトが当てられる。帰納法は「経験的なもの」から「解釈」を導き出す。「与えられたもの」から「新しいもの」へ踏み出す。そこには論理の「飛躍」が見られる。

科学や学問の世界で問題にする演繹法と帰納法は厳密な論証である。それが目指すものは普遍的＝恒真的真理である。一〇〇パーセントを目指した確実な結論が求められる。それに反して日常的議論では「本当らしさ」（蓋然的真理）に甘んじる。したがって、日常的議論でいう演繹法と帰納法は八〇パーセントくらいの正しさ（確実性）で満足する（数字はもののたとえだが）。科学的＝学問的議論と日常的議論に見られる真理に対するスタンスの違いに注意しよう（この問題については詳しくは「§29●諺・格言と通念」を参照のこと）。

日常的議論が拠り所とする論拠も、確実度は劣るものの「法則的なもの」と「経験的なもの」に分けることができる。「法則的なもの」は「権威」（通念）、「経験的なもの」は「データ」（事実）と言い換えることもできるだろう。日常的議論の論拠を次に書き出してみよう。

A　法則的なもの（権威）

［1］原理＝原則＝定義的な命題

［2］格言、名言、金言、諺

［3］専門家の意見

［4］一般に承認された意見、前例、通念、常識

B　経験的なもの（データ）

［1］アンケート・調査で集めた情報
［2］各種のテキスト・資料
［3］体験・観察で得た知識
［4］サンプル（類似例・反対例）など

ご覧のとおり科学や学問の場合とは違って、どれも「信憑性《しんぴょうせい》」に問題がある。そのため信憑性を高めるために、「権威」のお墨付きに訴えたり、「量」で勝負したりするわけである。科学や学問と比べて確実性は怪しいが、Aの「法則的なもの（権威）」に訴える論証を日常的演繹法、Bの「経験的なもの（データ）」に訴える論証を日常的帰納法と見なすことができる。以下、「演繹法」・「演繹論証」、「帰納法」・「帰納論証」はこちらのほうを指すと考えていただきたい。

§21 人は「権威」に弱い

●「人」は論証の一部

ところで、立派な人物だとか、偉い人だとか、専門家の書いたものは説得力があると受けとられる。この事実に目をつけた論証はレトリックのほうで「人柄による論証」とか「権威による論証」とか呼ばれている。誰が話すかによって説得力は大きく変わる。「人」は論証の一部である。セールスマンの極意に「物を売るより、自分を売れ」というのがある。客は人物がよければ品物もよいはずと思い込んでしまうのだ。

「人柄」のバリエーションが「権威」である。人が権威に弱いことは驚くばかりだ。メディアでもなにかといえば、その道の大家の意見を求める（大部分はわざわざ聞くまでもない）。また、有名人をかたった詐欺行為はあとを絶たない。こんなに説得力のあるテクニックを使わないという法はないだろう。

「権威による論証」は作文術では「引用」というかたちで問題になる。引用は他人の発言を借りて、自分の文章の説得力を高めることである。もっとも、借りられたものが特定の個人の発言・文章ではなくて、格言や諺《ことわざ》などのような匿名の場合もある。斯界《しかい》の権威の意見を引き合いに出せば、自分でくだくだ説明したり証明したりする手間を省くことができる。引用は論証の代わりになる。
　引用はいってみれば「虎の威を借りる」ことで、引き合いに出されるものは権威のあるものほどよい。問題の権威はそれこそ千差万別だ。学者や宗教家、専門家といった特定の権威者ばかりでなく、学説、通説、教典といった非人格的な権威もある。権威の引用は哲学や文学、経済、法律、政治などの人文系の議論に盛んに活用されるだけでなく、科学のような厳密な専門分野でもしばしば利用される。たとえば「相対性理論が証明しているように……」、「非ユークリッド幾何学によれば……」。

●「権威」に基づく論証

　演繹論証の手始めとして、まず「権威」論証を見ることにしよう。

　長い文章なら、どんな下手でも書く事が出来る。文章を短かく切り詰める事が出来るようになったら、その人は一ぱしの書き手である。ゲエテだったか、「今日は時間《ひま》が無いから、仕方なく長い手紙を認《したた》める」と言ったが、これは演説にもまたよく当てはまる。

　ウィルソン大統領〔米国二十八代大統領（一八五六―一九二四）。平和原則を提唱し、国際連

盟の設立に尽力した」といえば米国でも聞えた雄弁家であるが、先日《こないだ》の事、仲の善《い》いある友達が、大統領に対《むか》って、

「貴君は名代の演説上手でいらっしゃるが、一つの演説を用意なさるのに、どの位の時間が要りますね。」

と訊《き》いたものだ。何事によらず、素人《しろうと》というものは出来上る時間を訊きたがるもので、もしか画家《えかき》に対って、何よりも先に、

「あなた、この画《え》をお仕上げになるのに幾日《いくか》程お掛りでしたね。」

と訊く人があったなら、その人がどんな美人であろうと、先ず素人だと見て差支《さしつかえ》ない。ウィルソンの友達も、いずれは何を見ても鼻を鳴らして感ずる輩《てあい》だったに相違ない。

ウィルソンは答えた。

「どの位の時間といって、それは演説の長さによる事ですからね。」

「いや御尤《ごもっと》もの事で。」と質問者《ききて》はそれだけで何《なに》も角《か》も飲み込めたらしい悧巧《りこう》そうな顔をした。「してみますと、議会での大演説などは、お支度《したく》になかなかお手間が取れる事でしょうな。」

「いや、そういう意味じゃない。」と雄弁家の大統領は上品に口を歪めて笑った。「一

番手間を取るのは、所謂《いわゆる》十分間演説という奴で、あれを用意するには、正直なところ二週間はかかりますよ。」

「へい、そんなもので。」質問者《ききて》は何だか腑に落ちなさそうな返事をした。

大統領は言葉を次いだ。

「それから、三十分位の演説だったら、先ず用意に一週間という所です。もしか喋舌《しゃべ》れるだけ喋舌ってもいいというのだったら、それには準備《したく》なぞ少しも要りません。今直ぐにと言って、直ぐにでも喋舌れます。」

素人よ、もしか感心する必要があったら、演説でも、文章でも、成るべく短いのを選んだほうが無難だ。早い話が、女房《かない》の諷刺《あてこすり》にしても、手短《てみじか》な奴にはちょいちょい飛び上る程痛いのがある。

（薄田泣菫「演説の用意」、『完本茶話』（中）、冨山房百科文庫、一九八三年、四四六—四四七ページ）

まず、筆者の説明をしておこう。二つの詩集、『暮笛集』と『白羊宮』で有名な薄田泣菫《すすきだきゅうきん》（一八七七—一九四五）は、島崎藤村、土井晩翠の後を継ぐ浪漫派詩人としてデビュー、そのあと象徴派詩人として蒲原有明と並び称され、明治新体詩運動の推進者の一人として文学史に巨歩を残している。しかし、そのあまりに高踏的で難解な詩風がわざわいしてか、今や名のみ高くてほとんど好事家《こうずか》の関心しか引かない忘れられた詩人である。しかし泣菫はなにも韻文だけを書いていたわけではない。詩人として活躍したのはせいぜい十余年で、その後は新聞記者として散文を書き続け、名コラムニスト・名エッセイストとして鳴らした。文例も新聞のコラムである。

傍線で示した部分がこの文章の論拠である。この文章は「短い文を書くことは難しい」という命題を論拠とする演繹論証で書かれている。この文章のポイントは文章について当てはまる命題（法則的なもの）を演説に「適用」したことにある。そして、話に重みをつけるために「権威」を引き合いに出して補強している。ドイツの文豪ゲーテと米国の二十八代大統領ウィルソンである。ただ、ゲーテは間違いで、正しくはフランスの哲学者パスカルである。けっこう不確かな知識でも引き合いに出したくなるほど、大きな名前（権威）は説得力があるということだろう。

さすがに元詩人である。長い演説ほど用意するのに苦労するはずという世人の偏見を正すにあたって、問答形式に訴えている（出典そのものが会話仕立てだったのかもしれないが、それをそのまま転用するというのも一つの「選択」にはちがいない）。抽象論よりは具体的な話のほうが読者にははるかに理解しやすい。「話はなるべく具体的に」は説得の鉄則である。最後の段落は読者へのサービス（助言）であるが、「早い話が」以下の「落ち」は、読者よ、真似ないほうが無難だ。プロの文章家はこの手の「落ち」をよく使うが、「生兵法は大怪我のもと」である。

§22 演繹論証

●演繹論証とは断定すること

次は山本夏彦にご登場願う。辛口すぎるこの人のエッセーは読者を選ぶようだが、私は大ファンである。言葉づかいがちょっぴり古風であるが——たとえば火事を付け火、証券会社を株屋、入場料を木戸銭——、ずばりと核心を突くその直言には溜飲が下がる。まだ食してない向きはぜひお試しあれ。

言葉に対して自分は敏感でないと、漠然と思っている人がいるが、男女を問わずたいていの人は敏感である。ことに、自分をほめる言葉には敏感である。それには常に理があって、何度聞いても飽きない。

ところが、他人（たとえば友人）をほめる言葉には、違った意味で敏感で、それは一度聞けばたくさんである。繰返されると、いやな気がする。反対に悪口は、他人に対するものには理があって、何度聞いても飽きない。自分に対するものなら、そもそも聞きたくない。

だから、友の非運を嘆いてみせる友より、友の幸運を心から喜んでくれる友のほうが、真の友だといわれるのである。

（山本夏彦「言葉のとりっこ」、『笑わぬでもなし』中公文庫、一九九三年、六六ページ）

「人は誉め言葉に敏感である」という一般的命題から「友の幸運をねたむのではなくて、喜んでくれる友が真の友である」というちょっと面白い教訓（結論）を引き出している。一般的命題の意外な適用である。指摘されてみるとなるほどと納得する。この一般的命題は鋭い人間観察（帰納法）から得られたものだろう。

二つの演繹論証を検討した。この二つを読みながらなにか共通点が感じられないだろうか。どこか論調が高飛車で、決めつけるような印象がないだろうか。「法則的なもの」を拠り所とする演繹論証はどうしても断定調になる。むしろ、きっぱりと断定することが演繹論証なのだと考えたほうが正解だ。演繹論証とは高飛車に断定することである。

演繹論証の断定性は次の文章によく示されている。

「度が過ぎる」とシステムは必ず硬直化する。

原理主義の度が過ぎても、自由放任の度が過ぎても、「政治的正しさ」の度が過ぎても、シニスムの度が過ぎても、放漫の度が過ぎても、厳格さの度が過ぎても、必ずシステムは硬直化し、システムの壊死《えし》が始まる。

そういうものである。

最初に文科省からのお達しを聴いて、「これをそのままに現場でやることは現実的にはむりだわな」と判断して、「というわけですので、みなさんここはひとつ私の顔に免じて、弾力的にですな、ご理解いただくという」というようなことをもごもご言った人がいた段階ではシステムはそれなりに「健全に」機能していたのである。

だから、「私の着任以前の何年も前からルール違反が常習化しており、私も『そういうものだ』と思っておりました」というようなエクスキュースを口走る管理職が出てきたことがシステムの壊死が始まっていた証拠である。

彼らはバブル末期の銀行家たちと同じように、「在任中に事件化しなければ、どのような法令違反も見ないふりをする」というかたちでルール違反を先送りしてきた。

だが、「超法規的措置」とか「弾力的運用」ということがぎりぎり成り立つのは、それが事件化した場合には、「言い出したのは私ですから、私が責任を取ります」と固有名において引き受ける人間がいる限りにおいてである。

（内田樹「ルーズ＝ルーズ・ソリューション」、『こんな日本でよかったね』バジリコ、二〇〇八年、一五八―一五九ページ）

この文章は、二〇〇六年秋、「弾力的運用」の度が過ぎて、大学受験に関係のない必修科目（社会科）をネグレクトした（世界史、日本史、地理のうち二科目が必修なのに一科目しか履修していなかった）ために単位不足で卒業できない生徒があちこちの高校で続出した問題を受けて書かれたものである。この「履修不足」は現行の教育課程の内容と受験の現状との落差に起因していて、週五日制の導入で授業時間数が減るなかで、大学受験をにらんだ現場の「苦渋の選択」から生まれた問題である。

例文はこの問題に対する内田樹《たつる》のコメントである。法規と現実の間にズレがあるときは「事情の分かった大人」が「弾力的に法規を解釈することは決して悪いことではない」と断った上で、内田は今回の問題は「度が過ぎた」点にある、と診断した。その論拠は《「度が過ぎる」とシステムは必ず硬直化する》である。そして、この命題をさらにいろいろな分野に適用する。「原理主義の度が過ぎても、自由放任の度が過ぎても、『政治的正しさ』の度が過ぎても、シニスムの度が過ぎても、放漫の度が過ぎても、厳格さの度が過ぎても、必ずシステムは硬直化し、システムの壊死が始まる」。さらに念を押すように「そういうものである」と断定する。この念押しが一文＝一段落の「強調の段落」に仕立てられていることに注意しよう。こうして強調された「法則的なもの」を「履修不足」問題に具体的に適用したのが例文というわけである。

面白いアイデアがあるときは、演繹法でずばり断定するといい。

§23 帰納論証

●帰納論証とは例を挙げること

専門的論文ではきちんとデータを集め、慎重に結論（解釈）を引き出すことが要求されるが、日常的議論では難しく考える必要はない。帰納論証は、要するに適切なうまい例をいくつか挙げるということだ。

自分の考えを説明するには具体例を挙げなさいとは、どの文章術の本も異口同音にすすめる。私もまたすすめる。その役割は分かりにくい内容を具体例を挙げて分かりやすくするということだ。この場合、例は一つだけでもかまわない。しかしながら、論証としての挙例は一つでは弱い。やはり二つ以上はほしい。私がむかし使った例を少し手を入れて紹介しよう。

日本人は常なきものに怪しく魅かれる不思議な国民である。そのことを示すいくつかの例を挙げてみることにしよう。

桜の花はその咲き方のはかなさ、短さのせいで日本人から愛された。桜を愛する日本人は花火を愛する国民でもある。江戸の昔からどんなに多くの人びとが両国の川開きに足を向けたことか。人工の花が夏の夜空に繰り広げるはかなくも華麗な一代スペクタクルに人びとは酔いしれる。あるいは子供たちはあっという間に燃え尽きてしまう線香花火を息を止め食い入るように見つめる。日本人は花火の瞬間の美を愛でる。今では世界のあちらこちらで花火は打ち上げられているが、日本人ほど花火を深く愛している国民はないだろう。日本人の子供くらい花火遊びに熱中する子供はいないだろう。また、日本人の子供はシャボン玉遊びが好きである。シャボン玉は勢いよく飛び出し、それから頼りなくふらふらと飛んだあと、ふっと消える。

花火を愛する日本人は相撲を愛する国民でもある。相撲は日本の国技であると言われているが、ほかの格闘技に比べて試合時間があっけないくらいに短いのが特徴だ。

仕切りの時間は長いが、勝負そのものは十秒くらいでほとんどケリがついてしまう。たとえば優勝を賭けた世紀の一戦が立会い一瞬のけたぐりで決まってしまったとしても、それでも観客はそのあっけない決まり方に不満やもの足りなさを感じないだろう。もしボクシングで、開始直後のノックアウトで試合のケリがついてしまったらどうだろうか。観衆からブーイングが起こるのは間違いない。相撲の場合はブーイングどころか、そこに勝負のかけひきの妙を見て溜飲を下げることになるかもしれない。長い仕切り時間は一瞬の勝負を際立たせるための御膳立てとも思えるほどである。相撲が国技であると言われるだけにその勝負の短さは、日本人のなかにある瞬間的なものに寄せる嗜好を証して余りある。

これでもかこれでもかというように例を挙げてみた。少ないより多いに越したことはないが、もちろん、数よりは質がものをいう。

もう少し高級な例を紹介しよう。

次に挙げる寺田寅彦の帰納論証は、結論をはじめに提示している。前段の場合は、論拠として自分の体験をいくつか挙げている。後段の場合は、気候学的、地理学的根拠に訴えている（結論＝主張は傍線で示した）。

われわれ日本人のいわゆる「涼しさ」は、どうも日本の特産物ではないかという気がする。シナのような大陸にも「涼」の字はあるが日本の「すずしさ」と同じものかどうか疑わしい。ほんのわずかな経験ではあるが、シンガポールやコロンボでは涼しさらしいものには一度も出会わなかった。ダージリンは知らないがヒマラヤはただ寒いだけであろう。暑さのない所には涼しさはないから、ドイツやイギリスなどでも涼しさにはついぞお目にかからなかった。ナイアガラ見物の際に雨合羽《あまがっぱ》を着せられて滝壺におりたときは、暑い日であったがふるえ上がるほど「つめたかった」だけで涼しいとはいわれなかった。

少なくも日本の俳句や歌に現われた「涼しさ」はやはり日本の特産物で、そうして日本人だけの感じうる特殊な微妙な感覚ではないかという気がする。単に気がするだけではなくて、そう思わせるだけの根拠がいくらかないでもない。それは、日本という国土が気候学的、地理学的によほど特殊な位置にあるからである。日本の本土はだいたいにおいて温帯に位《くらい》していて、そうして細長い島国の両側に大海とその海流を控え、陸上には脊梁《せきりよう》山脈《さんみやく》がそびえている。そうして欧米には無い特別のモンスーンの影響を受けている。これだけの条件をそのままに全部具備した国土は、日本のほかにはどこにもないはずである。それで、もしもいわゆる純日本的のすずしさが、この条件の寄り集まって生ずる産物であるということが証明されれば、問題は決定されるわけであるが、遺憾ながらまだだれもそこまで研究をした人はないようである。しかし「涼しさは暑さとつめたさとが適当なる時間的空間的週期をもって交代する時に生ずる感覚である」という自己流の定義が正しいと仮定すると、日本における上述の気候学的、地理学的条件は、まさにかくのごとき週期的変化の生成に最もふさわしいものだといってもたいした不合理な空想ではあるまいかと思うのである。

（小宮豊隆編『寺田寅彦随筆集』岩波文庫、一九六三年〔改版〕、一二九—一三〇ページ）

科学者らしく慎重を期して断定を避けているが、これだけ手を替え品を替え論拠を挙げられれば、読者は納得するはずだ。

「挙例」には「説明」や「論拠」のほかに「反論」という使い方もある。あまり指摘する向きがないので、注意をうながしておこう。論理学や数学の分野では「背理法」（否定した命題から矛盾を導いて、当の命題の真を証明するもの。帰謬法とも）が強力な論証として使われる。しかしここで話題にするのはそんなややこしいものではない。簡略＝変形バージョンである。相手の主張の問題点を照らし出すような極端な、あるいは誇張された事例を引き合いに出すことである。たとえば中年の肥満男性を想定して食べ過ぎの害を訴えたいと考えるなら、「肥満大国」アメリカでの恐ろしい事例を挙げる（写真や映像も併用すればもっと効果的だ）。あるいは過度のダイエットの危険を若い女性に説くのなら、そのために命を落とした外国のモデルの例を引く。いかにもお手軽だが、その効果は侮りがたい。

§24 演繹法か帰納法か

●演繹法ではこうなる

演繹法と帰納法の違いを見とどけるために、同じ話題を両方の論証を使って展開してみよう。個人的な体験を使わせてもらう。

ずいぶん以前のこと、確かNHKだったと記憶するが、『昆虫記』の著者ファーブル（一八二三―一九一五）を紹介したドキュメンタリー番組を放映したことがある。現地取材やインタビューをまじえた充実した内容だったが、私がいちばん印象深く感じたのは、『昆虫記』の日仏における評価の落差だった。番組のなかでもこのことは不思議な現象として話題になったが、その理由については言及が一切なかった。フランスとの長年の付き合いから

「小さな動物」に対する日仏のスタンスの違いだと、私にはすぐにピンと来た。このひらめきを使って私は次のような演繹論証を組み立てた。

(1)　フランス人と日本人とでは「小さな生き物」に対するスタンスの違いが見られる（←日本人は「小さな生き物」が好きである。一般のフランス人は犬より小さい生き物にはほとんど関心を示さない）。（前提）

(2)　ファーブルの『昆虫記』は「小さな生き物」を話題にした本である。（前提）

(3)　だから、「小さな生き物」が好きな日本人はファーブルの『昆虫記』をいつまでも愛読しているが、「小さな生き物」に関心のないフランス人は『昆虫記』をすぐに忘れてしまった。日仏での『昆虫記』評価の著しい落差が生じることになった。（結論）

傍線を付した文が「法則的なもの」である。傍線部の命題自身は日本人とフランス人を観察して得られた比較文化論的なアイデア（ひらめき）だ。右の演繹法はそのアイデアを、色々な説明がありうる日仏におけるファーブル『昆虫記』をめぐる不思議な現象（評価の極端な違い）に適用したわけである。

実際に文章にする場合には、むろん上述の論証に肉付けをしなければならない。この演繹法は私が以前に使用したもので、膨らました結果が(A)である。

(A)

ファーブルの『昆虫記』一〇巻（一八七九―一九〇七）は日本では児童ものの定番であり、広く読まれている。しかし本国のフランスでは著者のファーブルも『昆虫記』もとうの昔に忘れ去られてしまった。文化交流史には時折こうした信じられないような落差が見られる。

ファーブルをめぐってどうしてこんな事態が起こってしまったのか。その原因はフランス人（ヨーロッパ人？）と日本人の「小さな生き物」に対するスタンスの違いのなかに見いだせる。一般のフランス人は犬より小さい生き物にはほとんど関心を示さない。小さい生き物はまさしく眼中にない。これは日本人から見ると信じられないことかもしれないが、事実だから致し方がない。虫などの小動物に興味を示すのは「変人」だけである。日本人が風情を感じる虫の声や小動物の鳴き声は「雑音」でしかない。

（『レトリックと認識』ＮＨＫブックス、二〇〇〇年、三九ページ）

ここで注意をうながしておきたい点がいくつかある。論証のプロセスと実際の文章では異同が見られるということだ。まず、前に推奨した方法にならって結論（主張）を頭にもっていった。次に、わざわざ書くまでもないので(2)の前提は省いた。「議論の厚み」を増すことも考えなければならない。そのために(1)の論拠の基になっている帰納法的なデータも盛り込んだ。

●帰納法ではこうなる

実をいえば、この『昆虫記』の話題は帰納法でも処理可能である。上掲の文章は《フランス人と日本人とでは「小さな生き物」に対するスタンスの違いが見られる》を前景に出したので演繹法になったが、データに語らせて解釈を導き出すというかたちにすれば帰納法になる。

論証のプロセスは次のように変わる。

(1)　日本人は小さな生き物が好きである。
(2)　フランス人は犬より小さい生き物にはほとんど関心を示さない。

(3)　したがって、フランス人と日本人とでは「小さな生き物」に対するスタンスの違いが見られるようだ。「小さな生き物」を話題にするファーブル『昆虫記』は「小さな生き物」が好きな日本人にはよく読まれ、「小さな生き物」に関心の薄いフランス人にはあまり読まれなかったのは当然だろう。

この帰納法を膨らませると次のようになる。

(B)

一般のフランス人は犬や猫より小さい生き物にはほとんど関心を示さない。彼らが興味を示す「小さな動物」は、甘さ（蜜）をもたらすミツバチときれいな蝶くらいである。薄気味の悪い昆虫などに興味を示したらそれこそ「変人」扱いされるのが落ちだ。日本人が風情を感じる虫の声や小動物の鳴き声は「雑音」でしかない。

したがって、フランス人と日本人とでは「小さな生き物」に対するスタンスの違いが見られる。ファーブル『昆虫記』が「小さな生き物」が好きな日本人にはよく読まれ、「小さな生き物」に関心の薄いフランス人にはあまり読まれないのは当然の結果である。

(A)案と(B)案ではどちらが説得的だろうか。いずれにせよ、しっかりと論拠（法則的なもの／体験的なもの）を挙げて論証しようと努めれば、自然にどちらかの論証になるものだ。いちいち自分は今どちらの論証に従っているか、神経質になる必要は毛頭ない。しかしそうはいっても、どちらを使ったらいいか迷うことがある。その場合は、面白いアイデアがあるときは演繹法がいいし、手持ちのデータがたくさんあるときは帰納法がいい。演繹法は理詰めでカッコがいいが、押しつけがましいところがある。帰納法は間違った解釈を引き出してしまう恐れがなきにしもあらずだが、新しい「法則的なもの」を掘り当てる可能性がある。ポイントは、演繹法と帰納法の特徴をしっかりと把握し、うまく使い分けることである。

§25 起承転結は実用文向きではない

●論証のプロセスと論証の記述

ここで一つ誤解を解いておきたい。それは論証のプロセスとその記述はあくまでも別であるということだ。結論は最初に置いてもいいし、中間に置いてもいいし、最後に置いてもいい。前提も場合によっては省いてもかまわない。これはあまりおすすめできないが、結論を省いてほのめかすという高等テクニックもある。つまり演繹法と帰納法をどういうふうに記述するかは自由だということである。

ただ、どういうわけか日本人は結論を最後にもってきたがる。これは日本語の統語構造に起因していると、私はにらんでいる。前に注意したように、日本語は述語が中心で、しかもその大事な述語が最後に来る。さらに困るのは、述語にたどり着く前にいくらでも文節（ユニット）を挿入できることだ。結論をなかなか言わない日本人の癖は、いちばん大事な述語が最後に来る日本語の統語法に影響されているのではないか。英語などの欧米語では文の主役である主語と動詞がまず最初に登場する。長い修飾語、たとえば関係代名詞は後ろに回される。

しかし、この問題は日本語の統語規則のせいばかりとは言えないようだ。どうも日本人は結論が最後に来る文章を好む傾向がある。その証拠に、文章読本の類いに「起承転結」がよく取り上げられる。前に紹介した「起承転結にのっとって書け」という心得を思い起こそう。

起承転結はもともとは漢詩（特に絶句）の構成法に由来している。つまり、「起」は歌い起こし、「承」は詩想の展開部、「転」は詩想の転調部、「結」はまとめである。起承転結は現在では本来の用法からはずれて、四部構成の論の組み立ての代名詞になってしまったようだ。

起承転結の説明には頼山陽（一七八〇―一八三二）の作といわれている次の俗謡がよく引き合いに出される。

大坂本町糸屋の娘（起）
姉は十七妹は十五（承）
諸国大名は弓矢で殺す（転）
糸屋の娘は目で殺す（結）

まず、なにが話題であるかが「起」で提示される。「糸屋の娘」が話題である。次に、「承」でその糸屋の娘について情報が追加されて話が展開する。「転」ではそれまでの話の流れをいったん止めて、話が意外な方向に振られる。話題の転換である。まったく異質な「諸国大名」の話題が持ち出される。「結」では「承」と「転」の話題をつなぐ共通点を暗示して全体を結ぶ。「目で殺す」は隠喩《いんゆ》で「目配せで男性を魅了する」こと。今ではあまり使われないが「悩殺する」の意である。

起承転結の鍵は「転」にある。いかにうまく話題を振るか、である。起承転結は四段構成でなければならないということはない。要するに「飛躍」と「連想」が売りの文章は起承転結だと見なして差し支えない。「結」は落語やジョークでいえば「落ち」である。

●「天声人語」は真似るな

起承転結はいかにしたら読者に「感動」を与えることができるかを意図している。エッセーには向いているかもしれないが、実用文では絶対に真似してはいけない。実用文には脱線は禁物である。大切なのは「転」ではなく「展」である。話をさらに展開しなければならない。話をさらに掘り下げなければならない。転じるなんて飛んでもない。しかし困ったことに、日本ではこの種の文章が名文としてもてはやされるのだ。朝日の「天声人語」がまさにその代表である（パラグラフ末のアルファベットは引用者による）。

　南太平洋の島に、パロロという珍味があるそうだ。ゴカイの一種で、新月の夜、サンゴ礁に囲まれた水面に、海の色が変わるほどいっぱい現れる。ブヨブヨしたそれを、土地の人たちは夢中になって食べるのだという。(A)
ゴカイの姿かたちを知っている人の多くは、なんと気持ちが悪いと思うに違いない。しかし日本には、蜂の子やザザムシ（トビケラなどの幼虫）といった昆虫を珍重する地域がある。フランスで好まれるエスカルゴだって、見ようによっては奇怪なものだ。

人間は世界各地で、さまざまな物を平気で口にしてきた。(B)

いろいろ理由を挙げて、特定の物を食べない人たちもいる。たとえば、ヒンズー教徒の牛。だが、ヒンズー教の前身のバラモン教の時代には牛を食べたらしい(『人間・たべもの・文化』平凡社)。ヨーロッパでは、牛の役割はもっぱら使役だった。牛肉や牛乳は副産物。勝手に牛を殺すと死刑も科せられた。食用のために牛を飼うのは、長い歴史の中では「ごく最近」だ(中尾佐助『料理の起源』NHKブックス)。(C)

世界3大珍味の一つに挙げられるフォアグラ。ガチョウののどに毎日、無理にトウモロコシを詰め込む。その結果、肝臓が異常に肥大する。その肝臓がフォアグラだ。トウモロコシが新大陸からもたらされる以前の古代ローマでは、イチジクを突っ込んだ。つまりガチョウは、病になって延々とグルメを満足させてきた。(D)

動物愛護運動家の女優ブリジット・バルドーさんが、サッカーのワールドカップ招致にからめて韓国の食の慣習に注文をつけた、と伝えられた。誘致するなら犬は食すべからず、と。(E)

犬をめぐる論争は以前からある。その際、こちらの食文化は高級であちらの食文化は劣る、といった姿勢だけは控えたい。繰り返せば、人間は世界の各地でいろいろな物を口にしている。(F)

（『ベスト・オブ・天声人語』講談社インターナショナル、一九九七年、四八―五〇ページ）

「天声人語」は入試問題にもよくとられるくらいだから「いい」日本語なのだろう。しかし、実用文としては失格だ。この文章は図示すると図(1)のようになる。

話題が次々に飛んで最後に落としどころが提示される。最後に来るまでどこへ連れて行かれるか分からない。もちろん、その意外性がこのタイプの文章の面白さ（売り）であるが、実用文では避けるに越したことはない。どうすればいいのか。簡単

(1)

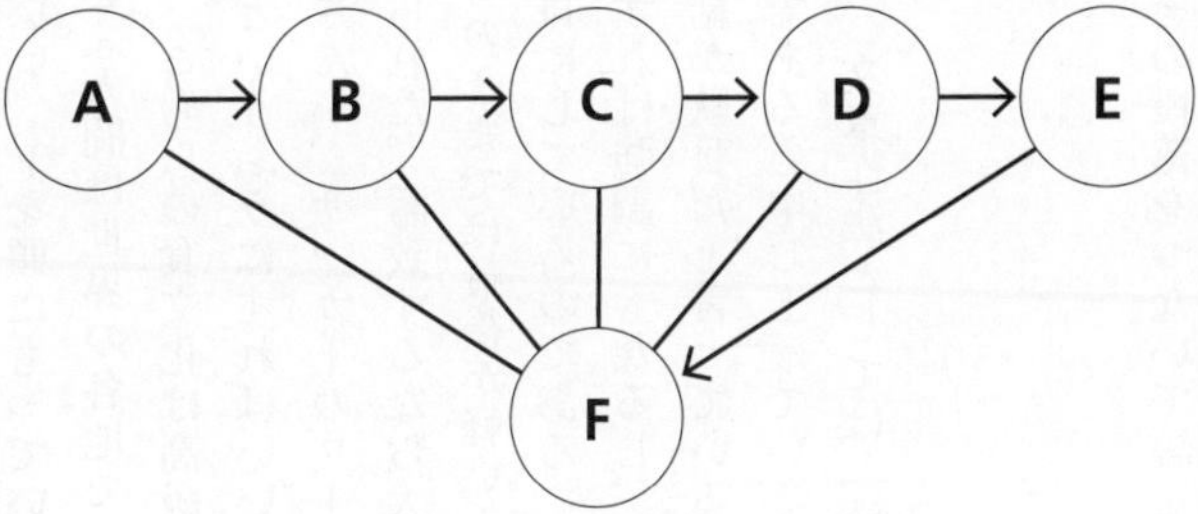

(2)

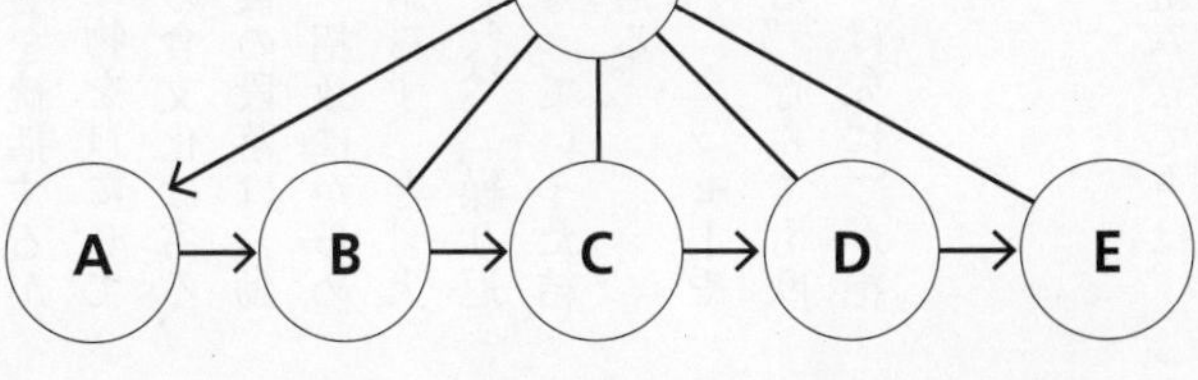

なことである。結論をはじめに提示すればいい。Fを頭にもっていってA～Eを統括するかたちにする（図②）。たとえば最初の段落を《人間は世界の各地でいろいろな物を口にしている。飛んでもないものも平気で口にする。こちらの食文化は高級であちらの食文化は劣る、といった姿勢だけは控えたいものである》というふうにすればいいのだ。最後の段落は《動物愛護運動家の女優ブリジット・バルドーさんが、サッカーのワールドカップ招致にからめて韓国の食の慣習に注文をつけた、と伝えられた。誘致するなら犬は食すべからず、と。犬をめぐる論争は以前からある。》となる。このままでは最後が軽いと感じられれば、「繰り返せば、人間は世界の各地でいろいろな物を口にしているのである」と初めにもっていった結論をもう一度ここで繰り返せばいい。そうすれば強調にもなるし、論の筋も通る。

誤解のないように重ねて言うが、起承転結が駄目だと言っているのではない。エッセーやコラムならいざ知らず、実用文には不向きであると申し上げているだけである。なんでも欧米が正しいという考え方には私は反対だが、文章作法としては「結論（主張）は先に」が絶対におすすめだと信じている。

●論を展開するときのチェックポイント

すでに説明したように段落の作り方と、その段落をつないで論を展開する組み立て方は、スケールの違いを除けば基本的には同じだ。論拠をきっちりと挙げるようにして、演繹法か帰納法に従い、あるいはこの両者を併用し、論を運んでいけばいい。したがって、段落の作り方で述べたこととほぼ同じことの繰り返しになるが、確認の意味も込めて論を展開するときのチェックポイントを次にまとめておこう。

［1］それはなにかを詳しく説明する
［2］それを根拠づける「法則的なもの」はあるか
［3］それを例証する「経験的なもの」はあるか
［4］それはどういう問題（展望・影響・結果）をもたらすのか
［5］それを説明する理由・原因はあるか
［6］それと似た事例はないか。垂直方向のリサーチ（過去にあった例）／水平方向のリサーチ（身近の例）
［7］それと反対の事例はないか（反対例）

§26 仕上げの注意点

●§15から§25までのおさらい

§15から話題は「文から文章へ」と移り、文の組み立て方（段落）と論の展開法（論証）の問題を取り上げた。

日本の作文教育では段落の問題がなおざりにされてきた。あるいは必ずしも正しい指導がなされてこなかった。そこで、欧米のパラグラフの考え方を取り入れて、段落の問題を詳しく説明した。

段落は意味的な「まとまり」なので、一つの段落では一つの論点が原則である。だから、論点が変わったら段落を新しく起こさなければならない（ちなみに一つの段落の上限は二百字前後）。きちんとした段落を作るためには、中核文と補強文の役割をしっかり分担させる必要がある。中核文（結論）はなるべく段落の先頭に置くのが望ましい。

段落は論全体（文章）のミニチュアである。だから段落をそのまま膨らませれば論になる。その展開（論証）は首尾一貫していなければならない。その方法は二つある。一つは「法則的なもの」を論拠にする演繹法、もう一つは「経験的なもの」を論拠にする帰納法である。ただ、この二つの論証の違いにあまり神経質になる必要はない。要は、きちんとした理由づけを心がけることだ。そうすれば、結果としてどちらかの論証に必ずなるはずである。
ここまでの段落を中心にした論の展開を心がければ、十分に説得的な文章が書ける。

●最後に、ちょっとした気配りを

そこそこの文章、達意の文章、説得的な文章をモットーにしてここまで日本語作文術を説明してきた。言うべきことはあらかた書いた。残るは「ちょっとした気配り」についてである。ちょっとした気配りで文章は見違えるほど読みやすくなる。すでにおすすめした「予告する」、「箇条書きにする」、「まとめる」も思い出してほしいが、ここでさらに次の三箇条を付け加えておきたい。

［1］　文末に気をつける
［2］　平仮名を多くする
［3］　文体を統一する

順番に見ていこう。
文体を決めるのはほぼ文末である。

書き慣れない人の文章でまず目につくのは、やたらに「と思う」、「と考える」が出てくることだ。重症な場合はすべての文がこの表現で終わる。文章を書くということはそもそも「自分の考え・意見」を表明することなのだから「と思う」、「と考える」といちいち断る必要はない。「何々だ」、「何々である」と言い切ればいいことである。断定できないときには「だろう」とか「にちがいない」、「かもしれない」、「ではないか」とか文末を言い換える工夫がほしい。

言い換えるといえば、日本語は文末が単調になりがちだ。日本語はすでに見た文の構造(統語論)、また音の体系(音韻論)から文末がどうしても単調になってしまう。過去形なら「た」。現在形なら「る」(動詞の場合)、「い」(形容詞の場合)、「だ」(形容動詞の場合)。「だ・である体」であれば「(の)である」、「(の)だ」、「です・ます体」であれば「です」、「ます」の連続。とにかく文末の単調な繰り返しが目につく。これを避けるためにはいくつかの手だてがある。

(a) 疑問形にする
(b) 否定形にする
(c) 文をいったん終えてから、言い足す(「もっとも〜であるが/であるけれども」、「ただ、

／ただし、～である／であるが」など）

(d)　倒置法を使う（「～だけれど」や「～なのに」、「～のだから」、「～ならば」を文末にもっていく）

(e)　体言止めにする（名詞で文を終える）

私自身もこの文末の処理にはいつも頭を悩ます。特に「だ／のだ／である／のである」の選択は頭痛の種である。私は「である」を基調に、強く言い切るときに「だ」、念を押したり、理由を挙げたりするときに「のだ」を使う。推敲の段階で「である」を「だ」に替えることが多い。「のである」は重苦しくなるのでめったに使わない（使うとすれば段落の最後が多いか）。

次に、[2]の「平仮名を多くする」。

これは漢字と仮名の使い分けの問題である。日本語は漢字と平仮名とカタカナという三本立ての表記法をもつ世界でもめずらしい言語である。漢字を多くすると文章が立派になると、多くの人が誤解している。ここへきて、難しい漢字も簡単に変換してくれるワープロソフトの普及で、ますますその誤解に拍車が掛かっている。やたらに漢字を多く使うようになった。そのせいで最近のワープロ文書は紙面が黒々している。おまけに読みにくくなっている。平仮名が多めの文章の「分かち書き」の効果が失われているからである。

平仮名の「分かち書き」の効果を考慮して漢字と仮名の使い分けに対しては、私は次のような方針で臨んでいる。

（イ）なるべく平仮名を多くするようにする（平仮名六、漢字四が目安。七、三も可）

（ロ）「時」、「事」、「物」が軽い意味のときは平仮名にする（「〜する時が来た」のようなとき、あるいは強調するときは漢字にする）

（ハ）漢字や仮名が続いたときは平仮名の分かち書きの効果を利用する（「〜する場合とうぜん次のことが考えられる／〜するばあい当然つぎのことが考えられる」）

（ニ）名詞・形容詞（形容動詞）は原則として漢字とするが、和語系のものは場合によっては平仮名にする（「まなざしを投げる」、「うつくしい空」、「しずかな海」）。基本的な動詞は平仮名にしてもよい（「気持ちがゆれる」、「風がふく」、「姿がみえる」）

（ホ）副詞は平仮名書きを基本とするが、ケースバイケースで使い分ける（「実に／じつに」、「必ず／かならず」、「頻繁に／ひんぱんに」、「早く／はやく」、「無論／むろん」、「当然／とうぜん」、「実際／じっさい」、「事実／じじつ」）

要するに、私の漢字と仮名の使い分けは杓子定規（固定的）ではなくて読みやすさを優先する（ただし、あまり近いところ、たとえば同一の段落や隣接する段落では不統一は避けたほうがいいだろう）。漢字と仮名の使い分けは結局は趣味の問題になるが、私の方針はそれほど的はずれではないはずである。

最後に、[3]の「文体を統一する」である。この問題は記述スタイルに関わる。

まず話し言葉と書き言葉の問題。書き言葉と話し言葉は別である。手紙だとか、Eメールなどの私的な文章では話し言葉を使っても差し支えないが、公的な文章は書き言葉で書くのが原則である。ところが「とっても」、「すごく」、「〜なんだ」などと話し言葉を平気で書き言葉にまじえる人がいる。軽薄・稚拙《ちせつ》な感じを与える。やめたほうがよい。

次に「だ・である体」（常体）と「です・ます体」（敬体）の問題。

文章は「だ・である体」で書くのが原則である。最近は「です・ます体」が多く見受けられるようになったが、あくまで例外と考えてよい。問題になるケースはほとんどが「です・ます体」で書かれた文章にみられる。大原則は「です・ます」体と「だ・である」体は混用してはいけないということだ。「です・ます体」で書きはじめたら最後までそれで通さなければならない。文章を書き慣れない人はよく意味もなく記述スタイルを変える。これはやめたほうがいい。

最後にカタカナの使い方について注意しておきたい。カタカナは横文字の表記に当てるのが原則であるが、擬声語（ワンワン、ガチャリ）や擬態語（ピーンときた、グチャグチャした）にも使われる。特に注意したいのは、普通は漢字で書く言葉をカタカナにすると、特別なニュアンスを込めることができる。たとえば「カネ、オンナ、クルマ、これが現代のワカモノの欲望三点セットである」（ちなみに、「　」もこれと同じ効果がある。「「金」、「女」、「車」、これが現代の「若者」の欲望三点セットである」）。

▼「Ⅳ 定型表現を使いこなす」は二四〇ページから

⑨要約・結論

- □ **つまり**
- □ **要するに**
- □ **以上のように**
- □ **このように**
- □ **結局**
- □ **結論として**
- □ **結論すれば**
- □ **すなわち（即ち）**
- □ **言い換えれば**

④追加・列挙

- □ さらに
- □ その上
- □ このほか(に)
- □ 加えて
- □ それのみならず
- □ なお
- □ ちなみに
- □ かつ
- □ 第一に〜、第二に〜
- □ まず〜、次に〜
- □ 最初に〜、二番目に〜、最後に、〜
- □ 〜であり、〜であり、〜である
- □ 〜であれ、〜であれ

⑤選択

- □ 〜か、〜か
- □ 〜か、あるいは(または、さもなくば)〜
- □ でもなく、〜でもない
- □ もしくは

⑥比較・対照

- □ と同様に
- □ と同じように
- □ に似て
- □ しかし(ながら)
- □ それに対して
- □ ところで
- □ もっとも

⑦目的

- □ そのために
- □ 〜のために

⑧例証

- □ たとえば(例えば)
- □ このように
- □ その例として
- □ その証拠として
- □ 論より証拠である

●接続語・接続表現

文と文をつないで段落を作るとき大事な働きをするのが接続語・接続表現である。よく使われるものを挙げれば、次のとおりである。

①理由／原因－帰結／結果

- □ だから
- □ なぜなら
- □ それゆえ
- □ そういうわけだから
- □ ～ゆえに
- □ ～によって
- □ ～のせいで
- □ ～のおかげで
- □ その結果
- □ ～の結果として
- □ よって
- □ したがって
- □ に応じて
- □ こうして
- □ このように
- □ だとすれば
- □ してみれば

②対立・対比

- □ しかし
- □ しかしながら
- □ けれども
- □ 一方（で）
- □ 他方（で）
- □ 逆に
- □ その一方で
- □ それにひきかえ
- □ （その）反対に
- □ （それ）にもかかわらず
- □ あるいはまた
- □ 翻《ひるがえ》って（見るに／考えてみれば）

③仮定・譲歩

- □ もし
- □ それなら
- □ たとえば
- □ かりに（仮に）
- □ たとえそうであっても
- □ 百歩譲って

●議論を本筋に戻したいとき

□　さて
□　ところで
□　話を元に戻そう
□　本題に戻ることにしよう
□　話がだいぶあらぬほうに飛んでしまった
□　話が脇道（横道）に逸れてしまったが、本筋に戻ることにしよう
□　余談はさておき
□　筆が滑ってしまった
□　さて、話が少し先走ったが
□　閑話休題

●個人的な見解・情報を開陳するとき

□　私事《わたくしごと》で恐縮だが
□　忖度《そんたく》するに
□　管見によれば
□　仄聞《そくぶん》するに
□　思うに（思えば／按《あん》ずるに）
□　ここまで言うのは妥当を欠くかもしれないが
□　さらに推察をたくましくすれば
□　誤解を恐れずあえて言えば
□　言葉が誇張に失するかもしれないが
□　いささか旧聞に属するが

□ 話は変わるが

□ (ここで)話頭(話柄)を転じることにしよう

□ 〜のことはしばらく措くとして

□ ともあれ(とまれ)

□ 別の観点から見ると

□ 別の観点から見ることにしよう

□ 視点を変えてみれば

□ 視点を変えてみよう

□ 新しい角度から捉え直すと

□ 新しい角度から切り込むことにしよう

□ さて、ここまでは前置きで、これからが本題である

□ この問題を考えるためにここで〜を参照することにしよう

□ 論をたどってくると〜の問題に送り返される

□ ここで〜を少し振り返ってみよう(振り返ることにする)

□ この問題を(少し)離れて言えば

□ ところで、少し話の向きを変えると

□ そうなれば話はおのずから別である

●議論の筋から離れたいとき

□ 脇道にはいるが

□ 横道に逸れることになるが

□ これは余談であるが

□ ここでちょっと余談になるが

□ ところで(なお)、これは余談ながら

□ 枝葉にくっついた話になるが

□ 末節にこだわるようだが

□ 序《つい》でに(序でだから)言っておくが

□　議論の道筋をはっきりさせるためにあらかじめ先回りして言っておくと

◉まとめるとき、言い換えるとき

□　要するに

□　これを要するに

□　(〜)を箇条書きで示す

□　〜を箇条書きで示せば次のようになる

□　〜は次の(三)点にまとめられる

□　議論の核心(のところ)をまとめれば(要約すれば)

□　一言でいえば

□　手短に言えば

□　早い話が

□　端折って言えば

□　つづめて言えば

□　言い方を換えれば

□　別の言い方をすれば

□　言い換えれば

□　換言すれば

□　別言すれば

□　約言すれば

□　約説すれば

◉論点・視点を転じるとき

□　さて

□　ところで

□　その一方で

□　それに反して

□　それにひきかえ

□ 〜の考えに基づいて論を展開すれば

□ 〜の成果を多少私の解釈（私見）を加えて（まじえて）述べれば

□ その要点を私（われわれ）なりに嚙み砕いて言えば

□ その長い説明の要点を要約すれば

□ （そのいくつかを）抄出（摘記《てつき》）する

◉他人の言説を褒めるとき、承認するとき

□ この問題については〜が委曲を尽くしている

□ 〜して余蘊《ようん》がない

□ 〜して間然するところがない

□ 〜に指を屈すべきだろう

□ 刮目《かつもく》すべきである

□ 刮目に値する

□ 〜は傾聴に値する

□ けだし至言（一家言）である

□ 〜を認めるにやぶさかではない

□ これは全部（ほとんど）〜の説を繰り返している（写している）だけである

□ 〜を〜と同日に論じることはできない（同日に考えてはいけない）

◉論点を予告・先取りするとき

□ 結論を先取りしておけば

□ 先回りして論点を示しておけば

□ 要点をあらかじめ示しておけば

□ 後ほど詳述することにするが、そのおおよそ（大略）を示しておけば

□ このことは後段においても詳しく取り上げるつもりだが、そのポイントを示しておけば

□ あらかじめ先回りしてその論点を示しておけば

□　詳しくは後の考察に譲って、ここでは……するにとどめる
□　実をいうと問題がないではないが、その考察は後に送ることにしよう
□　後述する
□　後段に詳述する

●断定を避けたいとき、あるいは結論に確信がもてないとき

□　～と言い切るのは穏当を欠くかもしれない
□　～に関しては軽々に断定することはできない
□　～はにわかに判定しがたい
□　～か、～か、ここに軽々に（にわかに）判断することができない
□　～については結論を急ぐべきでない
□　～と思うが、いかがなものだろうか
□　～と言って差し支え（大過）ないだろう
□　思い半ばにすぎる
□　～するのはけだし当然だろう（当然かもしれない）

●他人の所説（文章）を引用・援用するとき

□　～を引用する（引く／写す）
□　～の言葉を借りて表現すれば
□　～の説に寄りかかって説明すれば
□　～のひそみに倣っていえば
□　～がいみじくも指摘しているように
□　～の適切な表現を拝借すれば
□　～の言い草ではないが
□　～の発言に耳を傾けるに如くはない
□　長くなるので、そのさわりを引けば（抜けば）
□　～の所説によって説明すれば

□ こんなことは常識であるが（常識に属するが）

□ こと新しく論ずるまでもないことだが

□ 衆目の見るところ（……だ）

□ （～は）衆目の見るところだ

□ ～は想像に難くない

●論述を切り上げたいとき、あるいは先送りしたいとき

□ それはさておき

□ 今はとりあえずこの確認（結論）で満足すべきだろう

□ ここは端折《はしよ》って（今は割愛して）先を急ぐことにする

□ ここは～について論じるべき場所ではない

□ （～を）ここで詳しく論じる余裕はない

□ ～についてはまだ書くべきことは多いが、一応ここまでにとどめる

□ ～だけを確認して先に進むことにしよう

□ ～をたどることは本論の任ではない。当面の関心は別のところにある

□ ～はしばらくおいてここでは論じない

□ ～については稿を改めて取り上げたい

□ ～については追って後段に重ねて説く

□ ～についてはくだくだしく論ずるまでもない

□ ～についてはこれ以上の言（多言／贅言）を要しない

□ ～についてはこれ以上の言（贅言）を控える

□ この問題については追って取り上げることにする

□ この問題に関してはいずれ後で改めて取り上げる

□ これは他日別に論及されるべき問題である

□ この話題（問題）はいずれ俎上《そじょう》に載せることにしよう

□ ～ということになるのだが（なるはずだが）、それはさらに先の話になる

□ 後（後段／後論／後章）で改めて取り上げる

●議論をさらに展開したいとき、あるいは論点を確認したいとき

- □ **この点（問題）についてもう少し掘り下げることにしよう**
- □ **結論を急ぐまい**
- □ **これはゆるがせにできない（看過できない）問題である**
- □ **この問題をさらに立ち入って問う必要がある**
- □ **この点は重要なのでもう少し考えて（こだわって）おきたい**
- □ **このこと（点）をさらに進めて言えば**
- □ **この議論（論点）をさらに展開してみよう**
- □ **順を追ってさらに見ていこう**
- □ **さらにもう一つ考えを進めることにしよう**
- □ **ここは一つ〜を検討しなければならない**
- □ **ここで連想の輪をもっと広げてみよう**
- □ **このことにコメント（補足説明）を加えておこう**
- □ **〜を振り返る必要がある**
- □ **（〜の）おさらいをしておこう**
- □ **論を先に進める前に〜を押さえて（確認して）おかなければならない**
- □ **ここで次のことを確認しておくのがいいだろう**
- □ **ここで基本的な点（大切なこと）を確認しておきたい**
- □ **この問題についてはすでに簡単に触れたが、ここでは繰り返しを厭わずふたたび取り上げる（再説する）ことにする**

●確証はないが自説を主張、あるいは強弁したいとき
（このタイプの表現は無知を恥じる読み手の心理につけこむはったりとしても使える）

- □ **よく知られているように**
- □ **よく知られていることだが**
- □ **周知のとおり**
- □ **改めて言うまでもないが**

●書き出し

- □ この文章の言いたいことは〜である
- □ 小論（拙論）の目的は〜である
- □ このレポートの狙いは〜である
- □ この論文（本論）の企図することは次のことである

●すでに述べたことに触れて発言するとき

- □ ご覧のように
- □ （右に）見られるとおり
- □ 〜からも推察されるように
- □ 上述（前述）したように
- □ すでに（前に）述べたように
- □ 前記（如上《じょじょう》）のことからも分かるように（明らかなように）
- □ すでに示唆したように
- □ 上来述べて（説いて）きたように
- □ 前段に示したように
- □ すでに見た（論じた／注意した／指摘した）ように
- □ すでに触れた（言及した）ように

●確かな例証・論拠を引き合いに発言するとき

- □ （〜を）証拠として／論拠として／傍証として挙げる
- □ （この点について）例／具体例／実例を挙げてみよう
- □ 確かな調査（データ／報告／文献）を基にして言えば
- □ （〜に）照らしても（徴しても）分かる（明らかな）ように
- □ （〜に）照らしても（徴しても）（〜ということが言える／〜ということは明らかだ）
- □ （この問題を）例に就いて検証しよう（見ていこう）

◉謙虚

□ **聞くは一時の恥、聞かぬは一生の恥**
意 知らないことを聞くのはそのとき恥ずかしい思いをするだけだが、聞かずに知らないままで過ごせば一生恥ずかしい思いをする

□ **君子は豹変《ひょうへん》す**
意 君子は過ちを改め、善に移ることをためらわない。俗に、態度や考えが急変するたとえにも言う

□ **初心《しょしん》忘るべからず**
意 世阿弥の能楽論『花鏡』にある言葉。学びはじめた頃の、芸に対する謙虚でひたむきな気持ちを失うなの意。少しずれるが、諺としては最初の志を忘れてはならないの意にも使う

□ **人を恨むより身を恨め**
意 失敗の原因を他人に転嫁するのではなく、自分のいたらなさを反省する

□ **能ある鷹は爪を隠す**
意 実力のある人間はむやみにそれを見せびらかさない

□ **実るほど頭の下がる稲穂かな**
意 稲穂は実るにつれて重くなって垂れ下がる。学問や徳行が深くなれば、かえって謙虚になる

□ **良薬は口に苦し**
意 よく効く薬は苦くて飲みにくい。よい忠告の言葉も同様で、耳には痛いが、身のためになる

§30　舵取り表現を使いこなす

慣れないうちは意外と話の接ぎ穂に苦労するものだ。参考に資するために、文章を展開するとき使える便利な「舵取り」表現を紹介する（硬い表現も含めてある）。

類 覆水盆《ふくすいぼん》に返らず

□ **転ばぬ先の杖**

意 前もって用心していれば失敗することはないというたとえ

類 備えあれば憂いなし

□ **小事は大事**

意 大事も初めは小事から起こるから、あるいは小事もいいかげんにすると大事になるから、小さな事もおろそかにしてはいけない

□ **百里を行く者は九十里《くじゅうり》を半ばとす**

意 何事もあと少しのところが難しい。だから、九分通りすんだのを半分と考えなさい

●高所大所

□ **嘘も方便**

意 嘘をつくことは確かによくないことであるが、よい結果を得る手段として時には必要なことがある

□ **小異を捨て大同につく**

意 細かな食い違いはあっても、大筋で一致していれば協力する

□ **小の虫を殺して大の虫を助ける**

意 小さなことは犠牲にしても、重要なことを守る。大の虫を生かして小の虫を殺す、とも　類 小を捨てて大に就く

□ **盾の両面を見よ**

意 物事を見るとき一面的な見方をせずに、表と裏との両側からよく見た上で判断せよ

□ **人《にん》見て法説け**

意 相手の人柄や能力を見て、それにふさわしい助言をすべきである

類 機に由《よ》りて法を説け

□ **餅は餅屋**

意 餅は餅屋のついたものが一番うまい。その道のことは専門家に任せる

□ **和して同ぜず**

意『論語』の「君子は和して同ぜず、小人は同じて和せず」から。人と協調するが、みだりに同調しない。主体的に人と付きあうことが大切

□ **身から出た錆《さび》**
意 刀の錆は刀身から生じるところから、自分の犯した悪行の結果として自分自身が苦しむこと　類 自業自得

●努力・辛抱

□ **果報は寝て待て**
意 幸福・幸運は人が望んで得られるものではない。あせらずに、機が熟するのをじっくり待つほうがいい　類 待てば海路の日和《ひより》あり

□ **精神一到、何事か成らざらん**
意 精神を集中して全力を尽くせば、どんな難しいことでも成し遂げられないことはない　類 為《な》せば成る

□ **人事を尽くして天命を待つ**
意 人としてできるかぎりのことをした上で、後の結果は静かに天命に任せる　類 運を天に任せる

□ **玉磨かざれば光なし**
意 生まれつき優れた素質・才能に恵まれていても、修養を積まなければ立派な人間になることはできない

□ **点滴石を穿《うが》つ**
意 小さな努力でも根気よく続けてやれば、最後には成功する

□ **身を捨ててこそ浮かぶ瀬もあれ**
意 一身を犠牲にする覚悟で当たってこそ、窮地を脱する活路を見いだせる

●慎重・警戒

□ **蟻の穴から堤も崩れる**
意 些細なことでも油断すると、大きな災いを招くことがある
類 千丈《せんじょう》の堤も蟻の穴より崩れる

□ **君子《くんし》危うきに近寄らず**
意 立派な人間は身を慎み、危険なことは初めからしない
類 触《さわ》らぬ神に祟《たた》りなし

□ **後悔先に立たず**
意 してしまったことは、後になって悔やんでも取り返しがつかない

□ **天は自ら助くる者を助く**
意 進んで努力する人は必ず報われる　類 求めよ、さらば与えられん

□ **泣いて暮らすも一生、笑って暮らすも一生**
意 悲しんで暮らしても、愉快に暮らしても、人間の一生に変わりはない、同じ一生なら愉快に暮らすほうがよい

□ **蒔かぬ種は生えぬ**
意 なにもしないではよい結果は得られない　類 物は試し

□ **禍《わざわい》を転じて福となす**
意 禍に襲われても、それをうまく逆用して幸せになるようにする

◉無知・短慮

□ **一銭を笑う者は一銭に泣く**
意 たとえわずかな金でも軽んじてはいけない。そのわずかな金のせいで泣くことがあるからである

□ **井の中の蛙大海を知らず**
意 自分の狭い知識や物の考え方に縛られて、もっと広い世界のあることを知らないで自己満足していること　類 夜郎自大

□ **九仞《きゅうじん》の功を一簣《いっき》に虧《か》く**
意 長いあいだ努力してきたことが、最後のわずかな失敗で駄目になる。最後の詰めが肝心

□ **木を見て森を見ず**
意 物事の細かい点にこだわりすぎて、その本質や全体を捉えられない誤り

□ **角《つの》を矯《た》めて牛を殺す**
意 微々たる欠点にこだわり全体を駄目にする

□ **生兵法《なまびょうほう》は大怪我《おおけが》のもと**
意 生半可な知識や技術に頼って行動すると、かえって大失敗をする

□ **蛇に噛まれて朽《く》ち縄《なわ》に怖《お》じる**
意 蛇に一度噛まれてからは、蛇に似た腐った縄を見てもおびえる意。失敗に懲りて必要以上に用心深くなること　類 羹《あつもの》に懲りて膾《なます》を吹く

□ **仏作って魂入れず**
意 骨折って成し遂げながら肝心な点を忘れる
類 画竜点睛を欠く

□ **知るなきに如かざるなり**
意 知らないでよいことは、知らないままにしておくほうがいい。たとえば恋人や配偶者の恋愛遍歴　類 見ぬもの（こと）清し

□ **習うより慣れろ**
意 物事は人に教えられるよりも、自分で経験を重ねたほうが身につく

□ **百聞は一見に如かず**
意 他人の話を何度も聞くよりも、実際に自分の目で確かめてみたほうがよく分かる

□ **丸い卵も切りようで四角**
意 対応次第で物事は円くおさまることもあるし、角が立つこともある

□ **論より証拠**
意 あれこれ論じるよりも、動かぬ証拠を示すことのほうがいい

□ **若い時の苦労は買《こ》うてもせよ**
意 若い時の苦労は人間を立派に育てる

◉積極性・プラス思考

□ **案ずるより産むが易《やす》し**
意 物事はあれこれ前もって心配するよりも、実際にやってみると思いのほかたやすいものだ

□ **一運二腰三拍子**
意 相場の取引で成功するには一に幸運、二に粘り、三にチャンスをつかむことが大切である

□ **終わりよければすべてよし**
意 物事は結末さえよければ、その過程でいざこざや失敗などがあってもまったく気にする必要はない

□ **鶏口《けいこう》となるも牛後《ぎゅうご》となるなかれ**
意 大きな集団の尻についているよりも、小さな集団の頭になるほうが望ましい

□ **先んずれば人を制す**
意 他人よりも先に事を行えば、有利な立場に立てる
類 機先を制する　意 相手より先に行動して、その計画・気勢をくじく

□ **始めが大事／始め半分**
意 物事は始めが肝心である。心して慎重に当たらなければならない

□ **人を呪わば穴二つ**〔穴は墓穴のこと〕
例 人を呪わば穴二つ、人のあらを指弾しすぎてはいけない

□ **寄らば大樹の陰**
意 身を寄せるならば、大木の下が安全である。頼るならば、勢力のある人に限る

◉経験・知恵

□ **新しい酒は新しい革袋に盛れ**
意『新約聖書』「マタイ伝」より。「新しい酒を古い革袋に入れる」と内容・形式ともに殺してしまう。だから、新しい内容（思想）は新しい形式で表現すべきである

□ **氏《うじ》より育ち**
意 家柄や身分よりも、育った環境や受けた教育（しつけ）のほうが人間の形成に強い影響を与えるものだ

□ **温故知新《おんこちしん》（古きをたずねて新しきを知る）**
意 過去のものから新しい指針・知見を得る

□ **亀の甲より年の功**
意 長年の経験は貴重である

□ **彼を知り己を知れば百戦殆《あや》うからず**
意 敵と味方の情勢を知り、その優劣・長短を把握していれば、何度戦っても負けることがない

□ **艱難《かんなん》汝を玉にす**
意 人間は苦労を乗り越えていくことで人格が練磨され、立派な人間になる

□ **三人寄れば文殊の知恵**
意「文殊」は知恵をつかさどる菩薩。凡人でも三人集まって相談すれば、すばらしいアイデアが出るものだ

□ **失敗は成功のもと**
意 失敗すれば、その原因を反省し、方法や欠点を改めるので、かえってその後の成功につながる　類 失敗は成功の母

□　**類は友を呼ぶ**
意 似かよった傾向をもつ者は自然と集まるものである

●処世訓

□　**急がば回れ**
意 急ぐときには、危険な近道より、遠くても安全な本道を通るほうが結局早く着く。安全で、着実な方法をとるのが得策だ

□　**起きて半畳、寝て一畳**
意 人間が必要な広さは、起きている時が半畳で、寝ている時も一畳あれば足りる。贅沢は慎むべきである

□　**思い立ったが吉日《きちじつ》**
意 なにかやろうと思ったら、その日からすぐにとりかかれ　類 善は急げ

□　**聞くに早く、語るに遅く、怒るに遅かれ**（西洋の諺）

□　**郷に入っては郷に従え**
意 その土地に固有の風俗・習慣には従うのが得策である

□　**弘法にも筆の誤り**
意 弘法大師のような書の名人でも、時には書き損じることがある。失敗にいちいちくよくよすることはない　類 猿も木から落ちる

□　**象箸玉杯《ぞうちょぎょくはい》**
意 象箸は象牙の箸、玉杯は玉で造った盃。箸を象牙にすると、それに釣り合うように素焼きの食器を宝玉の器に替えなければならない。その次は贅沢な料理、家具調度、宮殿という具合に欲望がどんどん膨らんでいく。この諺は初めはちょっとした贅沢としか思えないことが、最終的にはとんでもない浪費につながっていくことを戒める

□　**情けは人の為ならず**
意 人に親切にすれば、その相手のためになるだけでなく、やがてはよい報いとなって自分に戻ってくる。近年、誤って親切にするのはその人のためにならないの意に用いることがある。それを言いたいのなら「情けも過ぐれば仇になる」がある

□　**二兎《にと》を追う者は一兎をも得ず**
意 西洋の諺。同時に二つの事をしようとすれば、結局どちらも成功しない

に咲き、夕方にはしぼむ。栄華がはかないことのたとえ。槿花一朝《いつちょう》の夢とも

□ **好事魔多《こうじまおお》し**

意 よい事にはとかく邪魔がはいりやすい　類 月に叢雲《むらくも》、花に風

□ **高木《こうぼく》は風に折らる**

意 高い木ほど風当たりが強く折れやすい。地位や名声の高い人ほど他からねたまれて身を滅ぼしやすい　類 喬木風に嫉《ねた》まる

□ **塞翁《さいおう》が馬**

意 人生の幸不幸は人智を超えていて予測しがたい。余計な心配をしてもはじまらない

□ **地獄の沙汰も金次第**

意 世の中は金でどうともなる、金がすべて

□ **柔よく剛を制す**

意 しなやかなものがかえって強く固いものを制する。転じて、弱いものがかえって強いものに勝つことがある　類 柳に雪折れなし

□ **人生意気に感ず**

意 人間は金銭や名誉のためにではなく、自分を理解してくれる人の心意気に感じて努力するものだ

□ **船頭多くして船山へ登る**

意 指図する人間が多いと統一がとれず、見当違いの方向に物事が流れてしまう。しっかりした命令系統が必要である

□ **袖振り／すり合うも他生の縁**

意 ちょっとした出会いも深い宿縁による

類 一期一会《いちごいちえ》　意 どんな出会いも大切にする

□ **天網恢々疎《てんもうかいかいそ》にして漏らさず**

意 天の網は広く目が粗いようだが、漏らすことはない、転じて悪事はいずれ露見し、天罰が下る　類 天知る、神知る、我知る、子《し》知る、何ぞ知るなしと謂わんや（『後漢書』）

□ **灯台下《もと》暗し**

意 灯台は燭台のこと。その真下が暗いことから、身近なことはかえって分かりにくいことのたとえ

□ **三つ子の魂百まで**

意 持って生まれた性質は一生変わらないものだ　類 雀百まで踊り忘れず

することが大切である
類 足ることを知らば貧といえども富と名づくべし、財ありとも欲おおければこれを貧と名づく。(『往生要集』)

□ **習慣はそれが習慣であるという理由でのみ従われるべきであって、それが合理的とか正しいとかの理由で従われるべきではない**(パスカル)

□ **独創力とは、思慮深い模倣以外のなにものでもない**(ヴォルテール)

□ **人間は天使でも獣《けだもの》でもない。そして困ったことには、天使の真似をしようとすると、獣になってしまうことである**(パスカル)

□ **明《めい》極まれば則《すなわ》ち察《さつ》に過ぎて疑い多し**(『近思録』)
意 明とは洞察力である。しかし明が過ぎると、物事の細かいところまで見えてきて、疑いや迷いの原因になる。マクロの視点とミクロの視点の使い分けを考えないといけない

◉人生の諸相

□ **雨降って地《じ》固まる**
意 悪いことが起こった後は、かえって基盤がしっかりすることがある

□ **一寸先は闇**
意 どんな恐ろしいことが待っているか分からない
類 鬼が出るか蛇が出るか

□ **縁は異なもの味なもの**
意 男女の縁はどこでどう結ばれるかわからず、不思議で面白いものである

□ **金《かね》の切れ目が縁の切れ目**
意 金銭だけで成り立っていた関係は、金銭がなくなればつながりが切れてしまうものだ。多く男女の仲に言う

□ **禍福は糾《あざな》える縄の如し**
意 禍と福とは、縄をより合わせたように入れかわり変転する
類 楽あれば苦あり

□ **昨日《きのう》の淵は今日の瀬**
意『古今集』の「世の中は何か常なる飛鳥《あすか》川昨日の淵ぞ今日は瀬になる」から。人生の無常を言う

□ **槿花《きんか》一日《いちじつ》の栄《えい》**
意 白居易「放言」から。槿花はムクゲのこと。ムクゲの花時は短い。朝

□ 過《あやま》ちては改むるに憚《はばか》ること勿《なか》れ（『論語』）
意 過ちを犯したら、ためらわないで改めよ

□ 改めても益《やく》なき事は、改めぬをよしとするなり（『徒然草』）
意 変えるまでもないものは、そのままにしておくのがいい。みだりに新しがるのはよくない。保守・伝統の論理

□ 或る問題に対して「ドーデモイイ」という解決法のあることに気の付かぬ人がある。何事でも唯一つしか正しい道がないと思っているからである（寺田寅彦）

□ 生きるとはこの世で最も稀なことである。たいていの人間は存在しているにすぎない（オスカー・ワイルド）

□ 運命はわれわれに幸福も不幸も与えない。ただその素材と種子を提供するだけだ。それを、それよりも強いわれわれの心が好きなように変えたり、用いたりする。われわれの心がそれを幸福にも不幸にもする唯一の原因であり、支配者なのである（モンテーニュ）

□ 老いはわれわれの顔よりも心にしわをつける（モンテーニュ）

□ 禍福門無し、唯人之《ただひとこれ》を招く所なり（『春秋左氏伝』）
意 禍福には決まった入り口はない。禍も福もすべて人みずからその種をまく

□ 今日という日を摘め（ホラチウス）
意 現在を楽しめ

□ 偶然は準備のできていない人を助けない（パスツール）

□ 君子は易《い》に居《あり》て以《もつ》て命《めい》を俟《ま》ち、小人《しょうじん》は険《けん》を行《おこな》いて以て幸《こう》を徼《もと》む（『中庸』）
意 立派な人間は冒険はせず与えられた自分の役割を果たし、その結果は天命にゆだねる。それにひきかえ、小人は危ない橋を渡り僥倖《ぎょうこう》を求める
類 人事を尽くして天命を待つ

□ 賢者は敵から多くを学ぶ（アリストファネス）

□ 人生はそれ自身では善でも悪でもない。それはおまえたちのやり方次第で善の舞台ともなれば悪の舞台ともなる（モンテーニュ）

□ 足《た》るを知れば辱められず、止《とど》まるを知れば殆《あや》うからず（老子）
意 満足することを知っているものは恥辱を受けない。とどまることを心得ていれば危険はない。人間の欲望はきりがない。それを追求すれば身の破滅が待っている。だから自分の分を知り、ある程度のところで満足

浮木が風に吹かれて波間にただよっている。浮木が近づいたとき、亀が頭をもたげる。すると、たまたまその木の穴に亀の首がはいる。人の誕生とはそんなに驚くほどの低い確率でしかないのだという。それは限りなく不可能に近いことであり、在ることが難しいことだ。つまり「有り難いこと」なのである。思うに、極小とゼロを分ける違いは無限に大きい。絶対的である。決定的な違いである。人間の誕生は限りなくゼロに近かった。そのことを思うとき、この世にあることの不思議さに人は思いを致すべきである。

人の誕生は感謝すべき、「有り難い」ことである。ゆめゆめ命を捨てようなんて罰当たりな考えをもつべきではない。

論拠としての諺・格言の使い方がお分かりいただけたろうか。後は適当な諺・格言を見つけることである。参考に供するために、以下、論拠として使えそうなものを列挙する。

●使える名言・格言・諺

●名言

□ **天《あま》が下に新しいものなし**

意 新しいと思っても人間のやることはもうすでに誰かがやっている。出典は『旧約聖書』「伝道の書」の次の一節。「先《さき》にあったことは、また後《のち》にもある、先になされた事は、また後にもなされる。日《ひ》の下《した》には新しいものはない」

格言を引き合いに出すことは「通念」に付加価値を添えることになる。この人は偉いのだと思わせれば、説得はすでに終わったようなものだ。「盲亀浮木《もうきふぼく》のたとえ」を使ってその例を示したい。

自殺する人にはそれぞれ然るべき理由があるのだろう。キリスト教では神が創られたもの（人体）を人間が勝手に無にしてはいけないとの理由で自殺は最悪の罪の一つに数えられている。最近は変わったが、昔は自殺した人は教会墓地への埋葬を拒否された。宗教的制約がないせいか、または「切腹」という文化的な伝統があることも手伝ってか、欧米に比べて日本では自殺に対する抵抗感が薄い。最近では「いじめ」を苦にした子供の自殺が問題化している。昔の人は「命を粗末にするな」と言ったものである。「命あっての物種」という諺もある。しかし、この諺は命を大切に見る考え方を表明したものであるというよりも、命を賭けるような危険なふるまいは避けなさいという意味合いが強い。その理由はなんであれ、命を粗末にすることはあってはならないことだ。命は「有り難い」ものである。

仏教の経典『雑阿含経《ぞうあごんきょう》』に含蓄深い寓話がある。それによれば、人間としてこの世に生まれる可能性はほとんどなきに等しいとされる。大海の底に潜む、寿命が計り知れない盲目の亀が百年に一度その頭を水面に出す。折しも、穴が一つある使って正当化＝論証してみよう。

> 「人《にん》見て法を説け」（＝人《ひと》を見て法を説く）という諺がある。「機に由《よ》りて法を説け」という諺もある。科学や学問の論証の答えは一つである（あるいは一つを目指す）。しかし日常的議論における説得（論証）は実践的な行為で、語る人や状況や聞き手により答えは変わりうる。たとえば「渡る世間に鬼はなし」と「人を見たら泥棒と思え」を突き合わせてみよう。100パーセントの正しさを求めれば、この二つの諺はお互いに矛盾したことを主張している。しかし「アバウトな」正しさで満足するならば、どちらも誤りではない。落ち込んでいる人には前の諺で励まし、能天気な人には後の諺で忠告すればいいのだ。こうした臨機応変な対応、これが「人《にん》見て法を説け」という諺の意味なのである。

最後に、諺・格言のとっておきの使い方を紹介する。先ほどもしかすると相手の知らない諺・格言を使う場合を考えたが、今度は最初から相手の知識を想定しない場合を取り上げてみよう。むしろ、こちらのほうが効果的かもしれない。なぜなら、相手がこちらの教養に敬服するからだ。すでに指摘したように説得する場合、相手がこちらを信用・信頼することが非常に大切だ。「人柄」とか「権威」が説得において重要な役割を果たすゆえんである。そうだとすれば、人の知らない「深遠な」諺・

が強くなることは、あらゆる社会において共通のことである。「イヤなやつ」といわれることを気にしていては、生きてゆくことも、自分の志をとげることもできない。

（河盛好蔵『人とつき合う法』新潮文庫、1967年、10ページ）

引き合いに出そうとしている諺・格言がもしあまり知られていないものであったり、相手がひょっとして知らない可能性がある場合はどうするか。使うのを諦めるか。そんな必要は微塵もない。諺・格言の意味を解説しながら使えばよろしい。文章家はその解説もまたうまく自分の文章に取り込んで生かしてしまう。人生を碁の勝負にたとえた文章に続いて、外山滋比古《とやましげひこ》は次のように書く。

“画竜点睛《がりょうてんせい》”という言葉がある。竜を描いて最後にその竜に瞳を入れると、たちまちその竜が天に昇るという。われわれの人生においても、最後にそのわずか二、三の石を置くと、今まで死んでいたと思われていた石ががぜん生きて、というすばらしい成果を挙げるかもしれないのである。

（「フィナーレの思想」、『ライフワークの思想』ちくま文庫、2009年、33ページ）

二人の文章家の実例を紹介した。もう一つ例を挙げる。今度は私がやってみよう。前項で諺・格言は矛盾することがあるということを指摘した。この事態を諺・格言を検討し直し、別の処方箋を探す。下世話でいう「失敗に学ぶ」とは、このことである。

諺・格言は経験則の集成であり、蓋然的論拠が隠されている宝庫である。

●諺・格言を論拠として使う

では、諺・格言は具体的にはどう使えばいいのだろうか。慣用句と同じで、引用めかして使えばいい。その方法をいくつか挙げてみよう。

・「窮すれば通ず」というが本当である。
・これでは「仏作って魂入れず」も同じことだ。
・「人を呪わば穴二つ」とは、このことである。
・「貧すれば鈍する」の類いで、人間は落ちぶれると精神まで焼きが回るということだ。
・「石の上にも三年」のたとえで、今は辛抱が肝心だ。
・「実るほど頭の下がる稲穂かな」と諺にもある。人間は傲慢になってはいけない。やはり謙遜《けんそん》が大切である。

つまり、諺・格言を論拠として使うというのは「権威を引用する」ということである。

まず初めに、プロの文章家の例をお見せしよう。

「喬木に風が強い」といわれるように、人間は名声を得てくれば、得てくるほど、世間の風あたり

すまじきものは宮仕え ⇔ 寄らば大樹の陰
あとは野となれ山となれ ⇔ 立つ鳥あとを濁さず
好きこそものの上手なれ ⇔ 下手の横好き
大器晩成 ⇔ 栴檀《せんだん》は双葉より芳《かんば》し
三つ子の魂百まで ⇔ 習い性となる

ご覧のとおり、諺はまったく矛盾するようなことを平気で主張している。あるいは「犬も歩けば棒に当たる」のようになにかをやれば幸運に出会う、災難に出会うと正反対の意味をもつものもある。しかも、世間の人はこの事実をちっとも意に介していない。これはいったいどういうことなのか。矛盾する諺の存在は世の中の複雑さを反映しているのだというのが一つの答えだろう。それはそうかもしれないが、問題は矛盾する諺の共存に人は改めてそうと注意を促されなければ気がつかない、その無頓着さにある。どうしてその事実に思い及ばないのだろうか。答えはそんな必要がまったくないからだ。要は目の前の事態に対処できればそれで十分なのである。

人が直面する事態はさまざまでありうる。場面場面に固有の対処法が案出され、いろいろな処方箋が作成される。集めてみたら結果として矛盾するような処方箋が出てきたというだけである。これを逆に見れば、人はある事態に直面したとき、手持ちの処方箋のなかからその場にいちばん都合のいいものを見つけ出し利用する。その処方箋を100パーセント信頼しているわけではないけれども、その一方でまずまず大丈夫だと踏んでいる。もしその処方箋が事態を解決しないときには、その処方箋を

活動を支配している。たとえば判断や決断をするとき、人は絶対的に正しい基準をもとに行動するわけではない。私たちはあまたの通念に基づいて日々行動している。なぜだろうか。日常生活では論理学のような100パーセントの正しさ（普遍妥当性）を求めないからだ。いや、求められないからだ。ある程度の誤りやミスには目をつぶるのだ。現実の場面で人は普遍妥当性を求めることはない。その場その場の個々の状況における通念の「部分的」妥当性＝真だけが問題になる。

当然のことながら、通念のアバウトさは諺・格言のなかにも見られる。たとえば「人を見たら泥棒と思え」という諺がある。これはこれで鋭い人間観察だ。だが、その一方で「渡る世間に鬼はなし」という諺もある。「嘘つきは泥棒のはじまり」と嘘を戒める諺もあるかと思えば、その使用を容認する「嘘も方便」というのもある。対立する意味をもつ諺を列挙してみよう。

言わぬは言うに勝る ⇔ 言わぬことは聞こえぬ
善は急げ（思い立ったが吉日）⇔ 急がば回れ
昔は今の鏡（歴史は繰り返す）⇔ 昔は昔、今は今
喉もと過ぎれば熱さを忘れる
　⇔ 羹《あつもの》に懲りて膾《なます》を吹く
初めが大切 ⇔ 終わりよければすべてよし
芸は身を助ける ⇔ 芸は身の仇
亀の甲より年の功 ⇔ 麒麟《きりん》も老いては駑馬《どば》に劣る
君子危うきに近寄らず
　⇔ 虎穴にいらずんば虎児を得ず

□ **貧の盗みに恋の歌**

意 貧乏になれば盗みを働き、恋をすれば歌を作る、人間は状況に強いられると、思わぬふるまいに及ぶ

例 貧の盗みに恋の歌とはよく言ったもの。人間というものは土壇場に追い詰められれば、できないと思っていたこともやってしまうものだ

□ **満つれば欠ける（盈《み》つれば虧《か》く）**

例「満つれば欠ける」は世の習いで、そうそう好いことばかりが続くものではない

§29 説得力を増す殺し文句
——名言・格言・諺

●諺・格言と通念

すでに見たように、日常的議論は科学や学問の世界の議論とは異なって、もっともらしい（蓋然的な）論拠で満足する。日常的議論で問題になる「法則的なもの」とは、多くの人が賛同する「真理」、つまり「通念」だ。通念は長い年月にわたって多くの人たちが「よし」としてきた「共同主観的な」判断にほかならない。「主観的な」判断にはちがいないが、多くの人が「共同」する（共にする）判断である。「経験」から引き出された「知恵」である。言い換えれば通念とは帰納推理のエッセンスである。100パーセントの真理ではないけれども、80パーセントくらいの真理だ（もっとも、80パーセントという数字はもののたとえだが）。しかしながら、私たちが日々生きていくには80パーセントの真理で十分なのである。

問題が生じない限り80パーセントの（蓋然的な）真理に従う——この「アバウトな」戦略は人間のいろいろな

□ **太刀打ちする**
例 首尾よく太刀打ちできるでしょうか

□ **とりまぎれる**
例 騒ぎに（身辺多忙に）とりまぎれて大事な用事を忘れる（失念する）

□ **弾む**
例 会話が弾む　例 胸が弾む　例 チップを弾む

□ **平たく言う**
例 平たく言えば、論証とはこじつけである

□ **踏む**
例 彼女は若作りだが、どう少なく踏んでも歳は四十の坂を越えている

□ **ふるっている**
意 風変わりで意表に出ている　例 かなりふるった名文句
例 記者団に対する大臣の返答がなかなかふるっている

□ **腑分けする**
意 解剖する　例 この評論家は複雑な内容を手際よく腑分けしてみせる

□ **八つ裂きにする**
例 八つ裂きにしてもあきたりないほど憎らしい

◉諺

□ **神は細部に宿る／宿り給う**
例「神は細部に宿る」とか、仕事には念には念を入れなければならない

□ **下問《かもん》を恥じず**
意 目下の者に質問することを恥じない
例 下問を恥じず、これが年来の私のモットーである

□ **策士策におぼれる**
例 機略縦横の彼が苦杯をなめたのは、いわゆる「策士策におぼれる」というやつである

□ **人情紙より薄い**
例「人情紙より薄い」のたとえは悪い意味で使われるが、ある高名な学者が主宰していた組織では「団結は鉄よりも固く、人情は紙よりも薄し」がモットーになっていたとか。なるほど、高い目的を達成するには必要な心構えかもしれない

□ **そよとの**

例 空は玲瓏《れいろう》と晴れ渡り、地にはそよとの風もない

□ **他聞《たぶん》／あたりを憚《はばか》る**

例 他聞を憚るカップル　例 私には他聞を憚るようなことはなにもない

例 あたりを憚るような低い声で話す

□ **根が／根っからの**

例 根が善良な人　例 根っからのお調子者

□ **残《のこ》んの**

意「残りの」の音変化。まだ残っている

例 残んの色香をただよわせる年増女のお手並みを拝見する

例 遠くの山に咲く花は残んの雪かとも見える

□ **まめ**

例 まめに働く　例 筆まめな人　例 まめに暮らす　例 まめな人

□ **耳遠い**

意 聞きなれない

例「美しくて品のある」を意味する「窈窕」は耳遠い言葉である

◉動詞的

□ **あしらう**

意 応対する、配する

例 邪険にあしらう　例 まるで子供のようにあしらわれる

例 洋風にあしらった（しつらえた）寝室

□ **行き届いている**

例 この作家はこなれた、角の取れた、行き届いた文章を書く

例 この辞書の説明がいちばん行き届いている

□ **婬《いん》する**

意 度を過ごして熱中する　例 趣味に婬した研究

例 その昔、長安の人びとは牡丹に婬し牡丹に狂した

□ **気色《けしき》ばむ**

例 さすがに温厚な男も、にべもない返答に気色ばんだ

□ **事を分ける**

例 事を分けて説得する

□ **まめまめしく**
例 まめまめしく世話する　例 まめまめしく働く

□ **まんざら**
例 まんざら嫌いでもなさそうだ　例 結果はまんざらでもない
例 まんざら無用の長物ではない

□ **三日にあげず**
意 間をおかず、しばしば
例 三日にあげず手紙をくれる熱烈なファンがいる

□ **申し合わせたように**
例 昨今の日本の若い女性たちは、申し合わせたように海外のブランド品で身を固めている

◉形容詞（形容動詞）的

□ **隠れもない**
例 その令名は隠れもない　例 艶名世に隠れもない美女
例 天下に隠れもない碩学

□ **利いた風**
例 利いた風な口はきくな

□ **口幅《くちはば》ったい**
意 偉そうな、生意気な
例 口幅ったいことを言う（申し上げる）ようですが
例 そのことはよく知らないから口幅ったいことは言えない

□ **(〜に)暗い／うとい／不案内な／不通な**
例 この本は、海外事情に暗い読者にも必要な知識を与える、簡にして要を得た入門書だ

□ **これという／これといった**
例 そうは言ったものの、実はこれという確証があるわけではない

□ **すこぶるつき**
意「すこぶる」という語が付くほど、はなはだしいこと
例 すこぶるつきのいい女

□ **そこのけ**
例 本職そこのけの技量　類 はだし　例 玄人はだしの腕前

□ **それからそれへと**

例 奇怪な浮説がそれからそれへと伝えられる

□ **それをいうなら**

例 それをいうなら彼だって、やはり同じ穴の狢《むじな》だ

□ **手伝って**

例 思わぬ大金が転がり込んだ嬉しさも手伝って、職場の同僚を夜の街に誘って大盤振る舞いした

□ **とつおいつ**

例 とりとめのないことをとつおいつ考えている

□ **どのみち**

例 どのみち当分あいつは帰らないだろう

例 どのみちやらなければならないものなら、早くすましたほうがいい

□ **なまじ／なまじっか**

例 なまじ小細工を弄して、ことをますます紛糾させてしまった

例 なまじ口をはさんだばかりに、とんでもない側杖(とばっちり)を食った

例 この難局はなまじっかな対応では乗り切れない

□ **(〜する)なり(〜した)**

例 子供は迎えにきた母親の顔を見るなり、わっと泣き出した

□ **にわか**

例 にわかに興味を催した　例 一天にわかにかきくもる

例 にわかには信じられない事実だ

□ **引きも切らず**

例 客が引きも切らず店に押し寄せる

例 評判を呼んだヒット商品を販売したので、店は客足が引きも切らない

類 入れ替わり立ち替わり

□ **一口に(〜と)言っても**

例 表現と一口に言っても話すことと書くことはまったく別である

例 一口に仏教と言ってもさまざまな宗派がある

□ **ひとしお／格別**

例 苦労の末の合格だけに喜びもまたひとしおである

□ **紛れに**

例 腹立ち紛れに馬鹿なことをした　例 どさくさ紛れに悪事を働く

□ **軽々に**
例 その問題は軽々に断定することはできない

□ **こういっては／そういってはなんだけれども**
例 こういってはなんだけれども、幼少のみぎりはこれでも眉目《びもく》秀麗な美少年だったのだ

□ **こそ（～であるが、実は……である）**
例 この作品は題材こそ複雑怪奇だが、文章は明晰そのものである

□ **こもごも**
意 次々、互いに、かわるがわる
例 万感こもごも胸に迫るとはこのような場合を言うのだろう
例 悲喜こもごもの思いを胸に受験生が掲示板の前から立ち去る
例 こもごもに発する喜びの声は天地にこだまする

□ **これをしも／それをしも**
例 これをしも仮初《かりそ》めと呼ぶならば、どこに仮初めでない友情があるだろうか
例 たとえ大きな仕事をしなくても人生を立派に生きるなら、それをしも真のライフワークと言うことができる

□ **（～を）潮に**
例 店内の照明が点ったのを潮に席を立った
例 これまでなかなか禁煙を実行できなかったのだが、季節の変わり目に気管支炎を患ったのを潮に、タバコをふっつりとやめた

□ **すでに（～とすれば、なおさら……だ）**
例 自然科学ですでに100パーセントの真理などありえないとすれば、人文・社会科学ではなおさらである

□ **せつな**
例 母の姿を一目見たせつな（に）、娘はその場に崩れ落ちた

□ **そこそこ**
例 そこそこの文章
例 発車時刻が迫っていたので、彼はお辞儀もそこそこに駅のほうへ急ぐ

□ **そぞろ**
例 嫋々たる笛の音に、忘れられぬ詩情を誘われて、そぞろ哀れを感じる

□ **その足で**
例 東京駅に着いたその足で約束のホテルのロビーに駆けつける

□ **料簡**

例 あの男には上司に敬意を払う料簡などさらさらない

例 思うようにいかないからといって、悪い料簡を起こしてはいけない

◉副詞的

□ **一期《いちご》として**

例 その夜、二十五歳を一期として、その男は吹きそめる秋風に桐の一葉と散った

□ **いちもくさん(一目散)**

例 いちもくさんに階段を駆けのぼる

□ **一も二もなく**

例 一も二もなく申し出に応じる　例 一も二もなく運命の前に平伏する

□ **今を去ること**

例 今を去ること二十余年前、私は大学を終えて、社会人としての第一歩を踏み出した

□ **得てして／とかく／ともすると／ややもすると**

例 頭のいい人は得てして先を読みすぎて、実行が伴わない

□ **おいそれ**

例 おいそれと真似のできない仕事ぶり

例 なかなかおいそれと思うような就職口があるわけではない

□ **惜しむらくは**

例 この製品は性能は申し分ないのだが、惜しむらくは製造コストがかさみすぎる

□ **思いきや**

意 意外にも　例 楽勝と思いきや、試合は苦戦を強いられた

□ **折も折、折しも、時も時、時しも、頃しも**

例 折しも、海外から大勢の観光客がやってきた

例 大通りに出ようとした折も折、出会い頭に自転車と衝突した

□ **かまけて**

例 忙しさにかまけて、ちっとも顔を見せない

□ **完膚《かんぷ》なきまで**

例 論敵を完膚なきまでに打ち砕く

□ **星／星霜《せいそう》／幾星霜**

例 その後、幾星霜が流れた　例 星うつり世かわって平成の時代を迎えた

□ **奔馬《ほんば》**

例 奔馬のように猛《たけ》り立つ

□ **目交い《まなかい》**

例 死の影がちらちらと目交いに揺曳する

□ **眉／眉宇《びう》**

例 降って湧いたような事件にも眉一つ動かさない

例 堅い決意が男の眉宇にただよっている

□ **満腔《まんこう》**

例 満腔の学問的情熱を注いで彼は研究に打ち込む

□ **物言い**

例 この作品には、硬軟雅俗おりまぜた物言いに内容ともども心引かれる

□ **諸刃《もろは》の剣《つるぎ》**

例 酒は諸刃の剣だ。抑えて呑めば薬になるが、度を超せば毒になる

□ **矢先**

例 出かけようとした矢先に、あいにく雨がざーっと降りだした

□ **山々**

例 ぶらりと旅行に出たいのは山々だけれども、この不景気でそうは問屋がおろさない

□ **雄図《ゆうと》**

例 雄図空しく挫折する　例 雄図半ばにして倒れた英傑

□ **横目**

意 頭を動かさず、視線だけで横を見る目つき

例 横目を使って（横目で）隣に座っている女性をちらちら見る

例 今日は懐が寒いので、行きつけの飲み屋を横目に通り過ぎる

□ **余人**

例 余人は知らないが（余人は知らず）、私の場合はフランス人のアクの強さは閉口である

□ **柳眉《りゅうび》**

例 きりりと（きっと）柳眉をつりあげる（逆立てる）

□ なせる業《わざ》

例 いろは四十八文字に世の無常を歌い込んだ「いろは歌」は異能の才のなせる業である

□ 二の次

例 研修は二の次でもっぱら遊びほうける

□ はたの見る目

例 彼の落ち込みぶりははたの見る目も気の毒なくらいだ

□ 八方

例 八方円くおさまった決着だ　例 八方手を尽くして探す

□ 針の筵《むしろ》

例 世間の白い目が痛いように感じられて、まるで針の筵に座す心地だ

□ 引き合い

例 海外からも新製品の引き合いが殺到する

例 最近の事例を引き合いに出す

□ 百年目

例 ここで会ったが百年目、年貢の納め時だ

□ 百万の味方

例 彼がこの仕事に一役買ってくれるなんて、百万の味方を得たようなものだ

□ 節穴

例 私の目は節穴ではない。あの男の魂胆は先刻お見通しだ

□ (〜)風情《ふぜい》

例 私風情にはその仕事は荷が重い

例 おまえのようなひよっこ風情が出る幕ではない

□ 片鱗

例 彼には友情の片鱗もない　例 大器の片鱗を見せる

□ 法

例 こんな千載一遇のチャンスを活かさないという法はない

□ 芳紀

例 芳紀まさに十七歳、花にもまがうかわいさ

□ **潮時**

意 頃合い　例 潮時をよくわきまえる

□ **自然の数《すう》**

意 自然の成り行き

例 計画が失敗したのは自然の数である

例 これも自然の数というものだから是非もないけれども、できればもう少し長生きしてもっと活躍してほしかった

□ **耳朶《じだ》**

意 耳たぶ、耳　例 鈴を振ったような声が耳朶に残って去らない

□ **瞋恚《しんい》**

意 怒り恨むこと　例 無念骨髄、瞋恚の炎《ほむら》がめらめらと燃え上がる

□ **舌鋒／舌頭／舌端**

例 舌鋒鋭い論調　例 舌頭鋭く問いつめる

例 舌端火を吐かんばかりの熱弁

□ **時分**

例 子供の時分　例 その時分から　例 ほとぼりの冷めた時分に帰ってくる

□ **筋**

例 話の筋はこちらで通してある

例 筋が通らない要求は願い下げだ

例 あの男が裏で糸を引いていたとは、こちらの読み筋にはなかった

□ **寸法**

例 これで、細工は流々、仕上げをご覧《ろう》じろという寸法だ

□ **背格好／年格好**

例 背格好も年格好もよく似た二人

□ **千両役者**

意 一年間で千両稼ぐ芸達者な役者、転じて人気のあるスター

例 千両役者といえば、古人は「千両とっても役者は乞食」と評したものである

□ **血煙**

例 血煙を浴びる　例 血煙を上げて倒れる

□ **てんてこ舞い**

例 今日は朝から引っ越しの用意でてんてこ舞いでした

□ **一心**

例 一心に耳を傾ける　例 合格したい一心で猛勉強する

□ **一歩**

例 彼は、持ち前の強い意志のおかげで、一歩間違えば退嬰《たいえい》的な悲観主義に陥るきわどい一点（瀬戸際）で踏みとどまっている

□ **色**

意 顔色・表情　例 隠そうとしても、彼女の感じている悔しさが色に出ている　例 驚天動地の事件が出来《しゅったい》し、物に動じない男もさすがに色を失ってうろたえる　例 ちょっとひるんだような色を見せる　例 目もとに恥じらいの色が見える

□ **会心の笑み**

例 にっこりと会心の笑みを浮かべる

□ **面《おもて》**

意 顔、顔面　例 急に面を輝かす　例 不安に面を曇らせる

□ **がらみ／見当／前後**

例 年の頃は四十がらみの男

□ **言下**

例 言下に答える（否定する）

□ **この期《ご》**

意 いよいよという大事な時

例 この期に及んでまだじたばたするなんて往生際が悪い

□ **頃合い**

例 表《おもて》がそろそろ白んでくる頃合いである

例 頃合いを見計らって会合に顔を出す

□ **最後**

例 出会ったが最後、百の百まで命がない

□ **幸い**

例 電話がかかってきたのを、もっけの幸いと中座する

例 相手が横を向いたのを幸いに、仲間に目まぜして危険を知らせる

□ **思案**

例 思案に余る　例 ここは、いちばん思案のしどころ

例 彼は思案投げ首の体《てい》で、とつおいつ考えをめぐらす

□　**毛頭／毛ほども／露ほど／微塵《みじん》も／毫《ごう》も／寸毫も**
例 彼の潔白を毛頭うたがわない

□　**元も子もない**
意 元金も利息もない、すべてを失ってなにも残らないこと
例 頑張りすぎて体をこわしては元も子もない

□　**ゆるがせにしない／ゆるがせにできない**
例 一刻もゆるがせにできない一大事
例 一字たりともゆるがせにしない折り目正しい文章
例 この問題はゆるがせにできない点を多々含んでいる

□　**余計なお世話**〔他人の働きかけを拒絶するときに言う〕
例 人がなにをしたって余計なお世話よ　類 大きなお世話

□　**立錐《りっすい》の余地もない**
例 人気スターの公演とあって、会場は立錐の余地もないような混雑ぶりである

□　**ろくに／ろくすっぽ**
例 顔を合わせてもろくに口もきけない
例 ろくすっぽ新聞を読む暇もない

◉名詞的

□　**当て推量《ずいりょう》**
例 当て推量が案外にも的中した
例 これはまあ、私の勝手な当て推量だけど、あの二人はできている

□　**後の祟《たた》り**
例 滅多なことを言おうものなら、後の祟りが恐ろしい

□　**雨あられ**
例 雨あられと接吻される　例 あざけりの言葉が雨あられと浴びせられた

□　**粟《あわ》**
例 肌が粟立つ　例 肌の粟立つような恐怖　例 肌に粟が生じる

□　**生きた空**
例 あの時、そのことを知っていたら生きた空はなかっただろう

□　**一場《いちじょう》**
例 長いあいだ胸に温めてきた計画は一場の夢と消えた

□ **梃子《てこ》でも**

例 こうと決めたら梃子でも動かない一徹な人

□ **同日の談ではない**

意 差が大きすぎて、同じようには話題にできない、比較を絶している

例 この両者の実力の差は歴然としている。同日の談ではない

類 同日の論ではない

□ **とりつくしまもない**

例 言葉をかけても虫のいどころが悪いのか、険しい顔つきをするだけで、とりつくしまもない

□ **煮え切らない**

例 相手が見せた煮え切らない返事に、彼は業を煮やして声を荒らげた

□ **根も葉もない**

例 そんな根も葉もない話は眉に唾して聞かなければならない

例 根も葉もない妄説にうまうまと乗せられて、その気になった投資家も愚かといえば愚かである

□ **箸にも棒にも掛からない**

意 ひどすぎて問題にもならない

例 朱美は札付きの少女で、箸にも棒に掛からないろくでなしだった

□ **はじまらない**

例 今さら反省したところではじまらない

□ **一筋縄ではいかない**

例 この問題は複雑で、一筋縄ではいかない

□ **間尺《ましやく》に合わない**

意 割に合わない、損になる

例 あんなに頑張ったのに、見返りがこれでは間尺に合わない

□ **身も世もない**

例 身も世もあらぬ嘆き

例 最愛の夫を失って妻は悲しみに沈んで、身も世もない

□ **名状しがたい**

意 言葉で言い表せない　例 喜びとも悲しみとも名状しがたい表情

□ **目がない**

例 彼は高給取りのくせに、ギャンブルに目がないので年がら年中ぴーぴーしている

□　**いざ（さ）知らず**
例 この指導法はできる生徒はいざ知らず、できない生徒には無用な負担を強いるだけだ

□　**柄でない／柄にもない**
例 あの男は、そんな大それたことができる柄ではない
例 あの男は、柄にもない大それた真似をした

□　**間然するところがない**〔間は隙間〕
例 彼の説明はいつも説いて委曲を尽くしていて、間然するところがない

□　**曲がない**
例 これではあんまり曲（芸）がなさすぎる

□　**（〜ば）こそ**
例 恥も外聞もあらばこそ、花見の客はへべれけに酔ってやりたい放題のし放題だ　例 時には礼の一つも言われればこそ、いつも叱られている

□　**こそすれ（〜ない）**
例 霧はますます濃くなりこそすれ、いっこうに晴れる気配は見えなかった
例 あれだけ目にかけてやったのだから、感謝されこそすれ、なにも威張り散らされる筋合いはない

□　**（〜と見て／言って／考えて）差し支えない**
例 この両者の力量は拮抗していると見て差し支えない（大過ない）

□　**（〜するに）如《し》くはない**
例 こういうやっかいな問題は専門家の意見に耳を傾けるに如くはない

□　**真偽のほどは定かで（は）ない**
例 最新の情報では事故による死者はないとのことだが、真偽のほどは定かではない

□　**尋常（一様）でない**
例 尋常一様の警備体制ではない

□　**そばから**
例 地道がいちばんと考え直すそばから、一攫千金を夢見て賭け事に手を染める

□　**端倪《たんげい》すべからざる**
意 測り知る（推測する）ことができない
例 この作品には端倪すべからざる趣がある

□ **眉を曇らせる／眉をひそめる／眉を寄せる**

例 眉を曇らせて黙り込む

□ **身を切られる**

例 空腹を訴えるわが子の泣き声に、母親は身を切られるような思いに襲われた

□ **胸一つ**

例 そのことは、この胸一つにおさめておく　例 この商談がまとまるかまとまらないかは先方の胸一つにある　類 胸三寸に納める

□ **目と鼻の先／目睫《もくしよう》の間《かん》**

例 危険が目睫の間にひたひたと迫っている

□ **目鼻を付ける／目鼻が付く**

例 その仕事はいまだに目鼻のメの字も付かない

□ **目を洗われる**

例 この作品はとても新鮮で、目を洗われるような思いだった

◉否定表現

□ **徒《あだ》や**

例 打ち方一つで文の意味を左右する読点は徒やおろそかにできない

□ **争えない**

意 否定することができない　例 さすがに血は争えない。息子もしょっちゅう女の尻を追いかけている　例 事態が切迫していることは争えない

□ **蟻の這い出る隙もない／水も漏らさぬ**

例 外国の要人を迎え、空港は蟻の這い出る隙もない厳戒態勢を敷く

□ **合わせる顔がない**

例 とんだ粗相をして友達に合わせる顔がない

例 親の面目が丸つぶれになり、合わせる顔がない

□ **倦むことなく**

例 倦むことなく芸道に精進する　例 読書三昧して倦むことがない

例 倦まずたゆまず勉学に励む

□ **おろか**

例 体がすくんで、立ち上がるのはおろか、顔をあげることもできない

□ **矯《た》めつ眇《すが》めつ**
意 あるものを、いろいろの方面からよく見るようす
例 壁に飾られた絵を矯めつ眇めつ眺める

□ **手を替え品を替え**
例 女を口説こう（籠絡しよう）と手を替え品を替え言い寄る
類 あの手この手

□ **どこをどう押したら**
例 まったく、どこをどう押したらあんな歯の浮くような言葉がぽんぽん口をついて出てくるのやら

□ **煮え湯を飲まされる**
例 杖とも柱とも頼んでいた親友に裏切られて煮え湯を飲まされたような思いをした

□ **飲み込みが早い／遅い**
例 この子は利発な子で、なにを話しても飲み込みが早い
類 飲み込みがよい／悪い
例 この子は実に飲み込みがよいので、手がかからない

□ **肌を刺す**
例 肌を刺すような冷気がひしひしと身に迫る　例 川風が氷の刃のように肌を刺す　例 鬼気肌を刺す不気味さがあたりを領している

□ **腹を抱える**
例 腹を抱えて笑い転げる

□ **一肌脱ぐ**
例 苦境にある友人のために一肌脱ぐ

□ **棒を呑む**
例 びっくり仰天して棒を呑んだようにその場に立ちつくす

□ **骨抜きにする**
例 あの人にぐっと抱きしめられると、あたしはひとたまりもなく骨抜きにされてしまい、世の中のことなんか、もうどうでもよくなってしまうの

□ **眦《まなじり》を決する**
意 怒りや気力を奮い起こしたときの、目を大きく見開いた表情
例 組合側の代表者たちは眦を決して交渉の場に臨む

をした

□ **気を呑まれる**

例 相手の気勢に思わず（覚えず）気を呑まれて二の句が継げなかった

□ **食うか食われるか**

例 食うか食われるかの死闘

□ **口裏を合わせる**

例 後難を恐れて関係者は一同、口裏を合わせて「天の一声」があったことを否認している

□ **口が裂けても**

例 口が（縦に）裂けても他人には口外しない　類 口が腐っても

□ **口を拭《ぬぐ》う**

意 知っていながら知らないふりをすること

例 あの事件に一枚噛んでいるくせに、あの男は口を拭って涼しい顔でいる

□ **尻尾／旗を巻く**

例 敵軍は尻尾を巻いてすごすごと引き返す　例 論敵は案外（案に相違して）あっさりと旗を巻いて、こちらの提案を呑んだ

□ **知らぬ顔の半兵衛**

例 知っていながら、しゃーしゃーと知らぬ顔の半兵衛を決め込む

□ **尻を持ち込む**

例 それは、いくらじたばたしても、どこへも尻を持ち込みようがない問題だ

□ **尻に火が付く／眉に火が付く**

例 なにも尻に火が付いたように、ここでどうのこうのと慌てふためくことはない。どんと腰を据えて構えればいいのだ

□ **全身を耳にする**

例 全身を耳にして家の中の気配をうかがう

□ **俗耳《ぞくじ》に入《い》りやすい**

例 大向こうを狙った彼の提案は俗耳に入りやすい

□ **袖を絞る**

例 三界に家なしの悲しい女の身の上話は、聞く者の袖を絞らせる

□　**万雷の／万雷のような**
例 プリマドンナが舞台に登場すると、万雷の（ような）拍手が場内に鳴り渡った

□　**平蜘蛛のように**
例 大失態を演じてしまった社員は上司に、平身低頭、まさに平蜘蛛のようになって弁解にこれ努めている

□　**弊履《へいり》を捨てるように**〔弊履は破れた履物〕
例 弊履のごとく女房子供を捨てて、男は花の都へと出奔したが、その後の足取りは杳《よう》として知れない

□　**水を打ったよう**
例 夜のとばりが落ちるとともに、あたりは水を打ったような静けさに包まれた

□　**目が覚めるような**
例 目も覚めるような美女が嫣然《えんぜん》と頬笑む

□　**山羊のよう**
例 山羊のように優しい目　例 山羊のようにおとなしい人

□　**烈火のごとく**
例 烈火のごとく怒る

◉身体表現

□　**足かけ**
意 初めと終わりの端数を含める年月の数え方
例 足かけ三年、米国に留学する

□　**鵜の目鷹の目**
例 なにか掘出し物はないかと骨董市を鵜の目鷹の目であさる

□　**お手のもの**
例 舌先三寸で人をその気にさせることなどあの男にはお手のものだ

□　**尾羽《おは》打ち枯らす**
例 東京で羽振りのよかった竹馬の友が、尾羽打ち枯らして故郷に戻ってきた

□　**顔から火が出る**
例 友達から間違いを指摘されて、顔から火が出るような恥ずかしい思い

ころは赤貧洗うがごとき生涯を送った

□ **蛇蝎《だかつ》のごとく**〔蛇蝎はヘビとサソリ〕
例 あの男は性格が陰湿なので、みんなから蛇蝎のごとく嫌われている

□ **血の(も)凍るような**
例 血も凍るような恐怖のどん底に突き落とされる

□ **鶴のよう／ごとし**
例 痩躯《そうく》鶴のごとしというが、まさにその形容にぴったりの痩せようである

□ **電気にでも触れたように**
例 女は電気にでも触れたようにビクッとした

□ **鉛のように**
例 職場での人間関係のトラブルのせいなのか、この二、三日、時々胸が鉛のように重くなる

□ **匂うような**
例 彼女は目もと涼しく、口もとさわやか、おまけに匂うような美しさをただよわせている

□ **抜けるように**
例 抜けるように色の白い少女　例 抜けるように澄み渡った秋の空

□ **根が生えたよう**
例 根が生えたようにじっと立ちつくしている

□ **はじかれたように**
例 耳を聾《ろう》するような物音に、道行く人ははじかれたように振り返った

□ **蜂の巣をつついたよう**
例 倒産するという風評が流れ、社内はまるで蜂の巣をつついたような騒ぎになった

□ **早鐘のように／早鐘を撞《つ》くように**
例 心臓が早鐘のように高鳴る

□ **歯の抜けたよう／櫛の歯が欠けたよう**
例 全集本の三冊だけが歯の抜けたようになくなっている
例 知人が年々他界し、櫛の歯が欠けたように淋しくなる

□ **針のように**
例 全身の神経を針のように尖らせて、あたりの気配（動静）をうかがう

●たとえ表現

□ **麻のように**

例 心が麻のように乱れる

□ **欺く**

意 ～と負けずに張り合うほど、～と紛れる

例 雪を欺く白い肌　例 昼を欺く月光が煌々と照らしている

□ **石みたい**

例 石みたいに身動きできなくなる

□ **(～も)かくや**

意 ～もこのようであろうか。「あらん」が省略されている

例 新婚の夫婦もかくやという甘い雰囲気だ　例 火の手はたちまち住宅密集地を襲い、地獄の炎もかくやと、天を焦がし地を焼き払った

□ **金縛りにあったように**

例 血達磨になって倒れている大勢の事故の被害者を目にして、駆けつけた人びとは金縛りにあったように身動きできなかった

□ **鬼畜に等しい**

例 鬼畜に等しい悪逆をほしいままにする

□ **綺羅《きら》星のごとし**

例 この結婚式には財界のお歴々が綺羅、星のごとく居並んでいる

□ **蜘蛛《くも》の子を散らすよう**

例 集まっていた黒山の人だかりは、ことの成り行きに蜘蛛の子を散らすように逃げ去った

□ **雲のように／雲のごとく**

例 俊才、秀才が雲のごとく輩出する　例 感慨は雲のごとくに湧く

例 散歩の途次、妙想雲のごとく流れ出す

□ **雲をつかむよう**

例 雲をつかむような状態（話）

□ **こぼれるような**

例 こぼれるような（こぼれるばかりの）愛嬌を見せながら（振りまきながら）、アイドル歌手が舞台に姿を見せる

□ **赤貧洗《せきひん》うがごとし**

例 衆に優れたあの男は世間からは一廉《ひとかど》の人物と目されているが、実のと

□ **八大地獄**

例 この女と一緒になれるものなら、身は八大地獄に落ちようとも厭わない

□ **万斛《ばんこく》**

意 測りきれないほど量の多いこと　例 万斛の涙を注ぐ

例 万斛の恨みを抱いて憤死する

□ **裨益《ひえき》するところが大**

例 迂遠なようだが、つまらない文章を多く読むよりは、極上の文章を味読するほうが作文にとっては裨益するところが大である（大きい）

□ **満面に朱《しゅ》を注ぐ**

例 満面に朱を注いで罵る（面罵する）

□ **眼路《めじ》**

例 眼路はるか、夢の通い路が野辺をへめぐる

例 眼路はるか、天高く晴れ渡って青空に雲一つない

□ **以て瞑《めい》すべし**

意 これで満足すべきである

例 優勝こそ逃したものの、三位に入れたのだから以て瞑すべしである

□ **勇を鼓す**

意 勇気を奮い起こす　例 勇を鼓して捲土重来を期す

□ **窈窕《ようちょう》**

意 美しく、しとやかなさま　例 妍《けん》を競うように牡丹の花が窈窕と咲き乱れている

□ **よしもない（由も無い）**

例 今となっては知る（確かめる）よしもない

例 この事件の顚末は神ならぬ身の知るよしもない

□ **よしや**

意 たとえ、かりに　例 よしや一度は失敗しても、二度と同じ間違いをしてはいけない

□ **宜《よろ》しきを得る**

意 適切である

例 硬軟宜しきを得た語り口

□　**俎上《そじょう》に載せる**
意　取り上げて論じる
例　焦眉《しょうび》（喫緊）の問題を俎上に載せる

□　**第一とする**
意　最も重要だとする　例　芝居は面白くて、ためになるものを第一とする

□　**多とする**
意　ありがたく思う。高く評価する　例　協力を多とする
例　詳しく調査した労を多とする

□　**重畳《ちょうじょう》**
意　幾重にも重なること　例　重畳する山々　例　波瀾重畳とした人生

□　**輾転《てんてん》反側**
意　眠れずに何度も寝返りをうつこと
例　輾転反側して一夜を明かす

□　**天馬空を行く**
例　自由奔放な想像力、まさに天馬空を行く趣がある

□　**同工《どうこう》異曲《いきょく》**
意　ちょっと見には外見（技巧）が違うようでも、内容（曲）は同じこと
例　売れ筋と見れば同工異曲の本がワラワラと出てくる

□　**内憂外患**
例　現在、わが社は内憂外患ともに（こもごもに）到るといったきわめて不利な条件を前にしている

□　**能事畢《おわ》れり／能事足れり**
意　なすべき事はすべてなした　例　能事畢れり、後は運を天に任せるだけだ

□　**沛然《はいぜん》**
意　雨が勢いよく降ること　例　驟雨《しゅうう》が沛然として降りはじめる

□　**破顔一笑**
例　日頃は難しい顔をしている祖父も、孫のあどけない仕草に思わず破顔一笑する

□　**薄志弱行**
意　意志が弱く、実行力が乏しいこと
例　薄志弱行の輩（徒）

□ (〜)するもよし、(〜)するもよし

例 週末は本を友とするもよし、旅に出るもよし

□ 青雲の志

意 功名を立て、立身出世をしようとする志

例 青雲の志を抱いて故郷を飛び出して、はや十年、まだ見るべき成果を上げていない

□ 正鵠《せいこく》を射る／得る

意 物事の急所を言い当てる

例 この論者の問題提起が正鵠を射ていることは否めない（争えない）

□ 清濁《せいだく》併せ呑む

意 善悪の区別なく受け入れること、心が広いこと

例 清濁併せ呑む太っ腹な上官　例 清濁併せ呑むといえば聞こえはいいが、ややもすれば悪事に甘いということになりがちである

□ 寂《せき》として

例 あたりはしーんと静まり返り、寂として声もない

□ 千尋《せんじん》の谷底

例 両親が飛行機事故で死んだという知らせを聞いたときの驚きは、さながら百花繚乱の高原を散策していた旅人がとつぜん千尋の谷底へ突き落とされたようなものだった

□ 前途遼遠

意 道のり・時間が非常に長いこと　例 前途遼遠な計画

例 若者にはまだ前途遼遠の未来が待っている

□ 善美を尽くす

例 善美を尽くした豪邸

□ 選を異にする

意 別の部類に属する

例 等しく過ちとはいっても、それとこれは選を異にする

□ 壮とする

意 勇ましく立派であると認めること　例 その志を壮とする

例 なるほどその意気や壮、その考えに反対するつもりは毛頭ない

例 彼の講演はその志は壮とすべきだが、意余って言葉足らずと言うべきだろう

□ **死命を制する**
意 死ぬか生きるかの急所を押さえる
例 現代ではマーケティング・リサーチの良し悪しが企業の死命を制する

□ **衆を頼(恃)む**
例 衆を頼んで事に当たる　例 衆を恃んで敵を倒す

□ **秋霜烈日《しゅうそうれつじつ》**
意 秋の霜と夏の強い日差しのように、刑罰・権威・意志などが非常に厳しく、おごそかであること　例 彼は秋霜烈日の批評で一目置かれている

□ **春風駘蕩《たいとう》**
意 春風がのどかに吹くさま
例 春風駘蕩、のんびりとした悠揚迫らざる感じが彼を包んでいる

□ **人口に膾炙《かいしゃ》する**
意 よく話題になり、広く知れ渡っていること
例「山のあなたの空遠く」ではじまるカール・ブッセの詩は人口に膾炙している

□ **心眼を開く**
例 枝葉末節に惑わされずに、心眼を開いて問題の核心を見なければならない

□ **神算鬼謀《しんさんきぼう》**
意 非常に優れたはかりごと　例 神算鬼謀の持ち主
例 神算鬼謀をこの一機に集めて、難局を打開しなければならない

□ **深讐《しんしゅう》綿々**〔深讐は深い恨み〕
例 深讐綿々、胸のなかはふつふつとたぎる　例 この物語はふたりの男のあいだに繰り広げられる深讐綿々たる闘いを描いている

□ **進退(これ)窮まる**
例 今はもはや万策尽き、進退これ窮まった

□ **随喜《ずいき》の涙**
意 本当にありがたいと思って流す涙
例 犬馬の労をいとわない親友の奔走に随喜の涙を流す

□ **酔生夢死《すいせいむし》**
意 酔ったように、夢を見ているようにぼんやりと一生を終えること
例 酔生夢死のつまらない人生だけは送りたくない

□ **錦上（に）花を添える**

意 美しいものの上にさらに美しいものを添える

例 今日のパーティは楽しかったが、すばらしいゲストたちが錦上にさらに花を添えていた

□ **軽挙妄動**

例 いたずらに軽挙妄動してはならない

□ **軽佻浮薄**《けいちょうふはく》

例 軽佻浮薄な風潮に警鐘（木鐸）を鳴らす

□ **けだし**

意 まさしく、確かに　例 けだし一家言（至言）である

□ **肯綮**《こうけい》**に中**《あた》**る**

意 大事な点をよく言い当てている

例 彼の論難は肯綮に中っている

□ **光彩陸離**

意 光が入り乱れて、美しくきらめくさま

例 急に霧が晴れて、目の前に光彩陸離とした景観が広がった

□ **心して読む**

例 この本は掛け値なしの良書である。心して読まなければならない

□ **事**《こと》**志と違**《たが》**う**

例 アメリカで一旗あげるつもりが、事志と違って相変わらず浪々の身の上である

□ **沙汰の限り**

意 とんでもないこと

例 意識して筆を曲げたとすれば、沙汰の限りである

□ **察するに余りある**

例 極悪非道な犯人のせいで娘を失った両親の無念は、察するに余りある

□ **自家薬籠**《やくろう》**中の物**

意 自分の薬箱の中にある薬のように、自分の思うままに使える物、または人　例 新しいパソコンを早く自家薬籠中の物にしなければならない

□ **忸怩**《じくじ》

意 深く恥じること　例 内心忸怩としている　例 省みて忸怩たる思いである

□ **海千山千**
意 海に千年、山に千年すんだ蛇《じゃ》は竜になるという中国の故事から、経験が豊かでしたたかなこと。ほめ言葉としては「百戦錬磨」が無難
例 あの女はいわゆる海に千年、山に千年の口よ

□ **烏滸《おこ》の沙汰**
意 愚かなふるまい
例 まったく烏滸の沙汰としか思えない落花狼藉《ろうぜき》

□ **推して知るべし**
例 トップがその体たらくであるから、その余は推して知るべしだろう

□ **遅きに失する**
例 その才能の開花はいささか遅きに失する

□ **寡聞《かぶん》にして**
意 見聞が狭いので。謙遜して言う
例 その事実は寡聞にして私は知らない

□ **喜色満面**
例 誕生日に孫からセーターをプレゼントされて祖父は喜色満面だ

□ **技神《ぎしん》に入《い》る**
意 腕前が非常に優れ、神技のようだ
例 こういう作品の出来ばえを「技、神に入る」と評するのだろう

□ **暁天《ぎょうてん》の星**
意 明け方の星。いたって数の少ないことのたとえ
例 そうした事例は暁天の星のごとくに稀である

□ **毀誉褒貶《きよほうへん》**
意 褒めることと、けなすこと
例 この新製品については消費者の反応は毀誉褒貶相半ばしている

□ **欣喜雀躍《きんきじゃくやく》**
意 おどりあがって喜ぶこと
例 そのニュースに人びとは欣喜雀躍して喜んだ

□ **琴瑟相和《きんしつあいわ》す**
意 小さな琴と大きな琴の音がよく合う。多く夫婦仲のよいこと、また、兄弟・友人の仲のよいことも
例 あの夫婦は琴瑟こまやかに相和して人もうらやむ仲だ

□ **輪をかける／しんにゅうをかける**

例 父親に輪をかけた悪党　例 真面目にしんにゅうをかけたような人物

□ **我が意を得る**

例 まさに「我が意を得たり」という感じで得意満面だ

●漢語系

□ **あたかもよし**

意 うまい具合に　例 あたかもよし、絶好のドライブ日和である

例 あたかもよし、その道（斯道《しどう》）の大家のお出ましである

□ **言い得て妙**

意 うまく言い表している

例 それは思想に敏にして行動に鈍なことから生まれた机上の空論とは言い得て妙である

□ **如何《いかん》せん**

意 残念ながら　例 言いたいことはよく伝わってくるのだが、如何せん言葉の柄が小さい

□ **いずくんぞ知らん**

例 いずくんぞ知らん、あの男がこうも落ちぶれようとは

□ **一日《いちじつ》の長《ちょう》**

例 パスの巧さでは相手チームに一日の長がある

□ **一道の光が差す**

例 適切な（剴切《がいせつ》な）示唆のおかげで一道の光が差し、問題を解決する糸口がつかめた

□ **一頭地を抜く**

例 一頭地を抜いた（抜きん出た）実力

□ **偉とするに足る**

意 賞賛するだけの価値がある、偉大である

例 偉とするに足る業績　例 その心組みや偉とするに足る

□ **右顧左眄《うこさべん》**

意 なかなか決断できずに迷うこと

例 直情径行で馬鹿なことをしでかすくらいなら、右顧左眄するほうがましかもしれない

□ **非を鳴らす**
例 政治の非を鳴らす

□ **平気の平左**
例 平気の平左で同じような間違いを犯す
例 天地がひっくり返っても、平気の平左かと思われる面魂をした男

□ **棒に振る**
例 自分の将来を棒に振る　例 おかげで今日は一日を棒に振ってしまった

□ **待てど暮らせど**
例 糸の切れた凧のように、彼は行ったきり待てど暮らせど戻ってこない

□ **味噌をつける**
意 しくじる、面目を失う
例 今度の不始末で彼はすっかり味噌をつけてしまった

□ **身も蓋もない／愛嬌がない**
例 身も蓋もないことを言えば（愛嬌がない話になるが）、音楽の才能は持って生まれたセンスで決まる。神様は公平ではない

□ **目引き袖引き**
例 異様な風体の男がなにをやらかすかと、遠巻きに集まった人びとが目引き袖引きして見まもっている

□ **目星をつける／目星がつく**
例 仕事の目星をつける　例 成功の目星がつく

□ **物を言う／物を言わせる**
例 土壇場《どたんば》では胆力が物を言う
例 語学力に物を言わせて世界を股にかけて活躍する

□ **役者が上／上手**
例 相手のほうが役者が一枚上だ

□ **矢も楯もたまらず**
例 耳寄りな情報を小耳にはさみ、矢も楯もたまらず現場に駆けつけた

□ **寄ると触ると**
例 どこへ行っても、寄ると触るとその話でもちきりだ

□ **竜になって雲を呼び、虎になって風を起こす**
例 敵の陣中には、九天の高みにまで届く異能の才の持ち主がいて、あるいは竜になって雲を呼び、あるいは虎になって風を起こす

□ 二進《にっち》も三進《さっち》も行かない

例 その場しのぎの言い逃れを重ねていると、しまいには二進も三進も行かなくなる　類 進退（これ）窮まる

□ 煮て食おうと焼いて食おうと

例 こう尻が割れては仕方がない。煮て食おうと焼いて食おうとどうぞお好きなように

□ 煮ても焼いても食えない

例 煮ても焼いても食えないけちんぼ

□ 能がない

例 仕事するばかりでは能がない。たまには息を抜くことも大切だ

□ 飲むほどに酔うほどに

例 飲むほどに酔うほどに談論風発する

□ 場数《ばかず》を踏む

例 場数を踏んだベテラン、さすがにやることなすことが堂にいっている（壺にはまっている）

□ 馬脚を露《あらわ》す

意 芝居で馬の脚になっていた役者が姿を見せてしまう意から、隠していたことが露見すること

例 あの男は骨董にかけては目利きのようなことを吹聴していたが、実際に鑑定させてみるとすぐに馬脚を露した

□ 羽を伸ばす

例 旅の恥はかきすてとばかりに、海外旅行で思うぞんぶん羽を伸ばす

□ 半畳を入れる

例 彼はうまい半畳を入れるのはお手のものだ

□ 筆舌に尽くしがたい

例 その美麗なることは筆舌に尽くしがたい

□ 百も承知（二百も合点）

例 言いがかりであるという反論は、百も承知、二百も合点である

□ 平仄《ひょうそく》が合う

例 偶然にしては平仄が合いすぎる

□ **手が届く**
例 年の頃は六十にも手が届くだろうか、人品賤《いや》しからぬ紳士が私に声をかけてきた

□ **手ぐすね引く**
例 敵の来るのを今や遅しと手ぐすね引いて待っている

□ **天から降ったか地から湧いたか**
例 天から降ったか地から湧いたか、雲つくような大男がぬっと目の前に現れる

□ **時を得る／時を得顔**
例 高級ブティックばかりが時を得顔にイルミネーションを輝かしている
例 時を得て、日の出の勢いの業界　類 時に遭《あ》う

□ **毒がある**
例 突っかかるような口調に毒がある

□ **毒気《どくけ》に当てられる**
意 相手の言動に圧倒されて呆然とする
例 とうとうとまくしたてられて、すっかり毒気に当てられる

□ **毒気を抜かれる**
意 度肝を抜かれる
例 事態の急変に毒気を抜かれてその場に立ちつくす

□ **時計の針を進める／戻す**
例 時計の針を少しだけ戻して、昭和の世相を振り返ることにしよう

□ **とどめを刺す**
例 近代合理主義のパイオニア、デカルトは西洋の思弁哲学にとどめを刺した

□ **度を失う**
意 どぎまぎする　例 意表を突く質問にすっかり度を失う

□ **鳴りを潜める**
例 事件のほとぼりが冷めるまで、しばらく鳴りを潜める
例 あれほど顰蹙を買った過激な発言も最近では鳴りを潜めた。どうやらあの男も焼きが回ったようだ

□ **荷が重い**
例 この仕事は私には荷が重い

もっている

□ **先に立つ**

例 恐ろしさが先に立って身動きできない

□ **歯牙《しが》にも掛けない**

例 悪徳業者はその筋のお達しなどまるで歯牙にも掛けない

□ **地金が出る**

例 今まで猫をかぶっていたが、彼女はそろそろ地金が出てきた

□ **耳目を集める／引く**

例 冤罪《えんざい》事件が天下の耳目を集める

□ **十目の見るところ**

例 十目の見るところ、来年の経済の動向は暗い

類 十指《じっし》の指すところ　衆目の見るところ

□ **修羅場をくぐり抜ける**

例 修羅場をくぐり抜けた人間でなければ、ああは肝（肝っ玉）が据わらないものだ

□ **知らぬ存ぜぬ**

例 この際は知らぬ存ぜぬの一点張りで押し通すのが得策（上策）である

□ **酸《す》いも甘いも噛み分ける**

例 酸いも甘いも噛み分けた世慣れた人の忠告はさすがに的を射ている

□ **下にも置かない**

例 下にも置かないもてなし　例 業者たちは視察に来た大物政治家を「先生、先生」と下にも置かない接待をした

□ **術中に陥る／はまる**

例 まんまと（みすみす）敵の術中に陥る

□ **尻馬に乗る**

例 他人の尻馬に乗るしか能のない男

□ **相好《そうごう》を崩す**

例 相好を崩して喜ぶ

□ **図星を指す**

例 こちらの思惑の図星を指されてぐうの音も出ない

□ **笠に着る**
例 親の威光を笠に着て彼は横車を押している

□ **風を食らって**
例 犯人はとっくの昔に風を食らって逃亡した

□ **刀折れ、矢尽きる**
例 なんとか血路を開こうといろいろ手を打ってみましたが、今や刀も折れ、矢も尽きてしまいました　類 万策尽きる

□ **片棒を担ぐ／後棒を担ぐ／先棒を担ぐ**
例 悪事の片棒を担ぐ

□ **角がある**
例 眼差しに角がある　例 角のある物言い

□ **角が取れる**
例 角の取れた円満な人間

□ **柄が大きい／小さい**
例 彼は人の上に立つ人間にしては柄が小さい
例 谷崎潤一郎の作品はゆったりとした日本建築のように柄が大きい

□ **絹を裂く／裂帛《れつぱく》の**
例 絹を裂くような女の悲鳴が聞こえる

□ **器量を下げる**
例 いやはや、こんなに器量を下げたことはない

□ **釘を刺す**
例 最近の彼女の言動は目に余るので（一本）釘を刺した

□ **草の根を分けて(も)捜す**
例 陰謀の片割れは草の根を分けても捜しだす

□ **酌《く》んでも尽きない**
例 伝統の美のなかに酌んでも尽きない妙味が感じられる

□ **言を左右にして**
例 それに対して言を左右にして動こうとしない
例 いじめられるからと、少女は言を左右にして学校に行くのを嫌がった

□ **甲羅に苔の生えた**
例 その度胸たるや、甲羅に苔の生えた大の男でも舌を巻くほどの凄みを

□ **熱いもの**
例 その芝居を見て感動の余り、胸に熱いものがこみあげてきた

□ **生き馬の目を抜く**
意 生きた馬の目を抜き取るほど、すばやく、ずるく、油断のならないこと
例 生き馬の目さえ抜こうというジャーナリズムの世界を生き抜いていくのは大変だ

□ **板につく**
例 板についた仕事ぶり　例 命令をする口調が自然と板についている

□ **一件落着する**
例 喧嘩《けんか》両成敗ということで一件落着する

□ **一線を画する**
例 私は通説とは一線も二線も画する

□ **因果を含める**
意 事情をよく説明してそうするしかないと納得させる
例 親に因果を含められて、息子は泣く泣く家業を継いだ

□ **(〜に)憂き身をやつす**
例 学業はそっちのけで旅行やスポーツに憂き身をやつす

□ **打って一丸となる**
例 チーム全員が打って一丸となって強敵を迎え撃つ

□ **打てばひびく**
例 打てばひびくようなきびきびした応答ぶり

□ **鵜《う》呑《の》みにする**
例 人の話をなんでも鵜呑みにするからそんな羽目になるのだ

□ **裏目に出る**
例 乾坤一擲《けんこんいつてき》の大博打《おおばくち》を打ったが、その結果（首尾《しゆび》）は裏目に出た

□ **鬼でも蛇《じや》でも来い**
例 ここは腹のくくりどころだ。さあ、鬼でも蛇でも来い

□ **思い半ばに過《す》ぐ**
意 考えてみて思い当たることが多い、なるほどと悟る
例 彼の忠告がなかったらどのような事態になっていたか、思い半ばに過ぎる

れない特殊なものが少なくない。たとえば「顰蹙《ひんしゅく》を買う」、「逆鱗《げきりん》に触れる」、「後顧《こうこ》の憂い」など。つまり、漢語の慣用句の多くは学習しないと意味が分からないということだ。ただ、要所要所に使えば文章にメリハリを付けることは受け合いである。ぜひこの機会に漢語の慣用句を仕込むことをおすすめする（後のリストには漢語の慣用句をなるべく多く挙げるようにした）。

以下に挙げるリストは慣用句を中心にしてあるが、必ずしもそれだけに限定しなかった。諺、ちょっと気になる言葉づかい、くだけた表現、典雅な言いまわし、ゆかしい和語、格調高い漢語、時代がかった美辞麗句など雅俗硬軟とりまぜた見本も口直しにと挿入しておいた（例文の多くは私の作文であるが、意図的に定型表現を多用した）。普通の慣用句辞典の類いには収録されていない表現も多く挙げてあるので、参考になるはずである（以下の分類は厳密なものではなくて、あくまでも便宜的なものである）。なお、リストはかなり長くなるので、まず§29、§30と飛んで、ここに戻ってくるのも一つの読み方だろう。

●使える慣用句

◉和語系

□ **あかつき（暁）**

例 この新事実が公表されたあかつきには、どんな騒動が起こるか想像に難くない

□ **あたりを払う**

例 威風堂々あたりを払う

例 その紳士にはあたりを払うような気品が感じられる

るだろう。

(1) 体の部分に関係するものが多い（足が棒になる、腰が抜ける）
(2) 否定形がけっこう多い（首が回らない、手が出ない）
(3) 「のような」、「のように」というたとえ（直喩）の形をとるものが多い（赤子の手をひねるよう）。この形をとらないものでも、この使い方が可能なものが多い（木に竹を接ぐ）

この三つは、後で挙げる慣用句のリストの基準として採用した。

慣用句にはもう一つ目につく特徴がある。もっともこれは慣用句として当然の成り行きなのだが、外来語はきわめて少ないということだ。広く使われているものは「イニシアチブを取る」、「フットライトを浴びる」、「ピリオドを打つ」など、その数は知れている。「シャッポを脱ぐ」のように一時使われていたが、今は忘れられてしまったものも多い。例に挙げた三つの慣用句も、「主導権を握る」、「脚光を浴びる」、「終止符を打つ」で対応することができる。「ピンからキリまで」のように外来語（ポルトガル語）として感じられなくなったものもあるが、やはり外来語は慣用句にはなじまないようだ。

外来語とはいっても、漢語は慣用句にそれなりの位置を占めている。しかも、そこで使われている漢語は漢籍に由来しているものが多く、慣用句以外ではお目にかかいに出される言葉（諺・格言）や、広く世間で習慣的に使われている、ひとまとまりの言葉（慣用句）である。つまり、定型表現とは「二つ以上の単語が習慣的に固く結びついて、全体である一定の意味を表す言葉」である。諺・格言と慣用句はいちおう一線を画することができるようだが、その境界は曖昧だ（たとえば「石橋をたたいて渡る」、「虻蜂取らず」）。ただ、言えることは諺・格言は意味的に独立していて完結しているが、慣用句は表現対象に従属・依存するという点である。

たとえば「勝って兜《かぶと》の緒《お》を締めよ」と「兜を脱ぐ」を比べてみよう。慣用句の「兜を脱ぐ」は特定の兜を脱ぐ行為を指しているわけではない。「降参する」という比喩的な意味を表している。「誰か」が「降参する」という事態を表現している。慣用句は表現対象を目指し、それと結びつく。それにひきかえ、諺の「勝って兜の緒を締めよ」は完結した意味内容をもっている。戦いに勝ってホッと息をつき、兜を脱いで無防備になったときに、不意に敵が襲ってくるかもしれないから、勝ったときこそ兜の緒をしっかりと締め直さなければならない、転じて、事がうまく運んでいるときこそ、かえって用心を怠ってはならないという一般的な真理を主張している。諺・格言は一般的な事実・真理を表現していることが多いので、日常的議論の「法則的なもの」（通念）として使えるものが多い（論拠としての諺・格言については次節で取り上げる）。

では、定型表現としての慣用句にはどんな形式的な特徴が見られるのだろうか。次の三つを挙げることができ

□ **やんわり**
例 やんわりとたしなめる　例 やんわりと受け流す

□ **油然《ゆうぜん》**
意 盛んに湧き起こるさま　例 清水《せいすい》が油然と湧き出す

□ **杳《よう》として**
意 暗くてよく分からないさま、また、事情などがはっきりしないさま
例 杳として行方がしれない

□ **よよ**
例 よよとばかりに泣き伏す

□ **慄然《りつぜん》**
意 恐れおののくさま　例 慄然として肌に粟立つ思いをする

□ **烈々**
意 勢いの激しいさま　例 烈々火を吐く舌鋒

□ **朗々**
意 音声が澄んでよく通るさま　例 音吐《おんと》朗々、鐘のごとし
例 朗々と台詞を朗読する

□ **わなわな**
例 恐怖のあまり全身がわなわなと震える

□ **わらわら**
例 たちまち人がわらわらと集まってくる

§28 慣用句を見直す

●定型表現とは

まず「慣用句」という言葉の意味を確認しておきたい。ここまで私はあえて「定型表現」という言葉を使ってきた。そして、かなり広い意味をもたせて使ってきた。「慣用句」、「格言」、「諺」など、いわゆる「成句」である。言い換えれば、多くの人びとに知られ、よく引き合

□ **ふつふつ（沸々）**
意 ものが煮えたぎるさま、湧き起こるさま
例 憎しみがふつふつと湧き上がってくる

□ **へたへた**
例 へたへたと椅子の上に崩れる

□ **べろべろ**
例 べろべろに酔った客が盛んにくだを巻いている

□ **滂沱《ぼうだ》**
意 涙がとめどなく流れるさま
例 滂沱たる涙を禁じえない　例 滂沱の涙を誘う

□ **澎湃《ほうはい》**
意 盛んな勢いで湧き起こるさま
例 国際化の波は澎湃と押し寄せている

□ **ほとほと**
例 ほとほと困り果てる

□ **蹣跚《まんさん》**
意 よろめいて歩くさま
例 酔客が蹣跚とした足取りで夜の街を歩いている

□ **まんじり**
例 一晩中まんじりともしない

□ **むざむざ**
例 むざむざと敗北を喫する

□ **めらめら**
例 怒りがめらめらと燃えさかる

□ **めろめろ**
例 彼女に会えばめろめろだ

□ **やすやす**
例 包囲をやすやすと脱出する

□ **やっき（躍起）**
例 やっきになって弁解する

□ (黒《こく》)洞々《とうとう》

意 奥深く黒いさま　例 眼前には黒洞々たる夜が広がるばかりだった

□ 堂々

意 いかめしく立派なさま　例 偽物が堂々とまかり通る（横行する）

□ とくとく(得々)

意 得意そうなようす　例 とくとくと喋る

□ どっと

例 どっと床につく

□ とっぷり

例 日がとっぷり暮れた

□ とろとろ

例 とろとろしたか（とろとろと眠ったか）と思うと、また目を覚ました

□ とんと

例 とんと合点がいかない

□ にっこり

例 我が意を得たりといわぬばかりに、にっこり笑った

□ にんまり

例 してやったり、と内心にんまりとほくそ笑みながら承知する

□ のめのめ

例 このままのめのめと引き下がれない　例 のめのめと生き恥をさらす

□ はっ

例 はっと吐胸《とむね》を突かれる

□ はった

例 はったと睨《にら》む

□ ひしひし

例 恐ろしさがひしひしと胸に迫る

□ 霏々《ひひ》

意 雨や雪などがしきりに降るさま

例 雪が霏々として降りつもる　例 桜花が霏々として散り急ぐ

□ **じっくり**
例 じっくり膝をまじえて語り合う

□ **諄々《じゅんじゅん》**
意 よく分かるように繰り返し言い聞かせるさま　例 諄々と説く

□ **嫋々《じょうじょう》**
意 音声が細く長く続くさま
例 妙なる幽婉《ゆうえん》の調べが嫋々と聞こえてくる
例 この作品には余韻嫋々たる悲しみが感じられる

□ **ずい**
例 ずいと店の中へはいる

□ **すたすた**
例 その男はすたすたと春風を切って歩き出した

□ **そそくさ**
例 そそくさと退散する

□ **ぞーっ**
例 ぞーっと肌が寒くなる

□ **(虎《こ》視《し》)眈々《たんたん》**
意 鋭い目つきで獲物を狙うさま　例 虎視眈々と獲物を物色している

□ **ちりちり**
例 冷たい戦慄が満身にちりちりと走る

□ **つくねん**
例 猫がつくねんと布団に座っている

□ **つけつけ**
例 つけつけと言う

□ **つと**
例 つと身を起こす

□ **亭々《ていてい》**
意 高くそびえ立つさま
例 塀の向こうに亭々と杉木立がそびえている

□ **とうとう(滔々)**
例 酒がはいると、とたんに舌の滑りがよくなってとうとうと喋り出す

□ **峨々《がが》**

意 山、岩などが高く角だってそびえているさま　例 峨々たる岩山

□ **かっ**

例 かっと目を見開く

□ **豁然《かつぜん》**

意 視野がぱっと大きく開けるさま　例 豁然として眼界が拓《ひら》ける

□ **からから**

例 からからと笑う

□ **鞠躬如《きつきゆうじよ》**

意 身をかがめて恐れ慎むさま　例 奉公人が鞠躬如として主人に仕える

□ **ぎょろり**

例 ぎょろりと目を三角にする

□ **くしゃくしゃ**

例 店の主人は客を見ると、仏頂面をたちまちくしゃくしゃにして愛想のいい顔になる

□ **けたけた**

例 いやらしそうにけたけた笑った

□ **けろり**

例 けろりと忘れる

□ **ごくり**

例 ごくりと生唾を飲み込む

□ **ころり**

例 甘言にころりとだまされる

□ **さくさく（嘖々）**

意 口々にほめたてること　例 好評嘖々　例 名声さくさくたる大学者

□ **さめざめ**

例 さめざめと泣き続ける

□ **しおしお**

例 仕方なく、しおしおと部屋を出て行く

□ **孜々《しし》**

意 怠らず一心に　例 孜々として仕事に取り組む

　私が若い頃に定型表現を採取するためにカードをせっせと作っていたことはすでに紹介した（いま手もとに4300枚ほどある）。定型表現に関してはすでにたくさんの「慣用句辞典」や「諺辞典」、「名句辞典」が出まわっている。私ごとき門外漢がしゃしゃり出るまでもない。定型表現を本格的に勉強したいならばそれらの専門書に当たればいい。私にできることは「論より証拠」を提示することだろう。初めから組織だった体系的記述は目指していない。本章で挙げる用例はほとんど、私の作ったカードから取った。日本語を「外国語」として捉え返して勉強し直した人間の試行錯誤のメモからの抜粋である。カードに取ったのは、定型表現でありながらなにかひと味違ったものが感じられたからである（少なくともカードに取ったときは）。

　まずはオノマトペの例文をご披露する。五十音順に配列してある。

●使えるオノマトペ

□　**あたふた**
　例 犯人はあたふたと犯行現場を立ち去った

□　**いけしゃーしゃー**
　例 心にもないことをいけしゃーしゃーと口にする

□　**おいおい**
　例 声をあげておいおいと泣き出す

□　**怏々**《おうおう》
　意 不平不満のあるさま　例 怏々として楽しまない

□　**呵々**《かか》
　意 大声で笑うさま　例 呵々大笑する

⑵ ぺこりと頭を下げる
⑶ ぺこんと頭を下げる

⑴ は相手に恐縮して何度も頭を深く下げている感じがするが、⑵ はすばやく一回軽くお辞儀する感じである。⑶ は ⑵ とほぼ同じ動作を表しているが、軽薄でひょうきんな印象を伴う。オノマトペに頼らずにこの三つの違いを表現しようとしたら結構しんどい。オノマトペはうまく使うと、文章が明快になり、生き生きする。使わない手はないだろう。

こうしたオノマトペの表現力については誰もが注目するところだが、私に言わせればオノマトペにはもう一つの重要な役割がある。文章にリズムを与えることだ。§5で私は、実用文においてもリズムは大切であることを注意しておいた。すでに指摘したようにリズムを考えて冗語的にオノマトペを使うことは少なくない（後の文例にもいくつかある）。この点はぜひ心に銘記してほしい。

オノマトペをめぐって最後にもう一点だけ注意をうながしておきたい。それは漢語のオノマトペのことだ。漢語のオノマトペと言われて、エッと思われた方も多いだろう。それと知らずに私たちは漢語のオノマトペをよく使っている。たとえば「断乎」、「突如」、「騒然」、「嬉々」、「安閑」、「正々堂々」など。「と」、「として」、「たる」などを添えて用いられる一群の漢語である。和語のオノマトペと違って、漢語のオノマトペは文章に凜《りん》とした張りをもたらす。和語と漢語をうまく使い分ければ、オノマトペの世界は限りなく広がるはずである。

§27 オノマトペを見直す

●定型表現としてのオノマトペ

前章までで日本語作文術の基本はすべて説明した。Ⅳでやろうとしていることは、作文に役立つ定型表現のリストを作成することである。だから、これまでと違って説明の出る幕はあまりない。もっぱら例示である。順を追って読む必要はない。興にまかせて拾い読みをすればいい（チェック用に項目の頭に□を置いた）。

オノマトペ（§3を参照）を使った表現は「ゆるやかな」定型表現と見なせる。決まったオノマトペが決まった言葉と連結される。「笑う」なら「にこにこ」、「泣く」なら「めそめそ」、「怒る」なら「ぷりぷり」というように。定型表現の活用を考える第一歩としてオノマトペを取り上げることにしよう。

普通の文章読本では、オノマトペの評判が悪いことはすでに触れた。オノマトペを使用すると、文章が稚拙で品がなくなると考えられているからだ。しかし、私はむしろオノマトペの積極的な利用をすすめる。すでに指摘したように、日本語は動詞の表す概念が漠然としているので、オノマトペを使うことによって明確化、活性化できる。たとえば「頭を下げる」という表現がある。あまり意識されないかもしれないが、この表現自体が「敬意や感謝を示す」定型表現である。この定型表現にオノマトペを付けてみよう。

(1) ぺこぺこと頭を下げる

Ⅳ 定型表現を使いこなす
――日本語語彙道場

野内良三（のうち・りょうぞう）

1944年（昭和19年）東京に生まれる．東京教育大学文学部仏文科卒．同大学院文学研究科博士課程中退．静岡女子大学助教授，高知大学教授，関西外国語大学国際言語学部教授などを歴任．
著書『実践ロジカル・シンキング入門』（大修館書店，2003年）
『うまい！日本語を書く12の技術』（生活人新書，日本放送出版協会，2003年）
『ジョーク・ユーモア・エスプリ大辞典』（国書刊行会，2004年）
『日本語修辞辞典』（国書刊行会，2005年）
『レトリックのすすめ』（大修館書店，2007年）
『偶然を生きる思想』（NHKブックス，日本放送出版協会，2008年）
『〈偶然〉から読み解く日本文化』（大修館書店，2010年）ほか
訳書『ルパンの告白』（モーリス・ルブラン著，旺文社文庫，1978年）
『ルパン対ホームズ』（モーリス・ルブラン著，旺文社文庫，1979年）ほか

日本語作文術《にほんごさくぶんじゅつ》
中公新書 2056

2010年5月25日初版
2024年6月5日7版

著　者　野内良三
発行者　安部順一

本文印刷　三晃印刷
カバー印刷　大熊整美堂
製　　本　小泉製本

発行所　中央公論新社
〒100-8152
東京都千代田区大手町 1-7-1
電話　販売 03-5299-1730
　　　編集 03-5299-1830
URL https://www.chuko.co.jp/

Published by CHUOKORON-SHINSHA, INC.
Printed in Japan　ISBN978-4-12-102056-7 C1230

中公新書刊行のことば

いまからちょうど五世紀まえ、グーテンベルクが近代印刷術を発明したとき、書物の大量生産は潜在的可能性を獲得し、いまからちょうど一世紀まえ、世界のおもな文明国で義務教育制度が採用されたとき、書物の大量需要の潜在性が形成された。この二つの潜在性がはげしく現実化したのが現代である。

いまや、書物によって視野を拡大し、変りゆく世界に豊かに対応しようとする強い要求を私たちは抑えることができない。この要求にこたえる義務を、今日の書物は背負っている。だが、その義務は、たんに専門的知識の通俗化をはかることによって果たされるものでもなく、通俗的好奇心にうったえて、いたずらに発行部数の巨大さを誇ることによって果たされるものでもない。現代を真摯に生きようとする読者に、真に知るに価いする知識だけを選びだして提供すること、これが中公新書の最大の目標である。

私たちは、知識として錯覚しているものによってしばしば動かされ、裏切られる。私たちは、作為によってあたえられた知識のうえに生きることがあまりに多く、ゆるぎない事実を通して思索することがあまりにすくない。中公新書が、その一貫した特色として自らに課すものは、この事実のみの持つ無条件の説得力を発揮させることである。現代にあらたな意味を投げかけるべく待機している過去の歴史的事実もまた、中公新書によって数多く発掘されるであろう。

中公新書は、現代を自らの眼で見つめようとする、逞しい知的な読者の活力となることを欲している。

一九六二年一一月

中公新書

言語・文学・エッセイ

j1

2756 言語の本質　今井むつみ　秋田喜美
433 日本語の個性（改版）　外山滋比古
533 日本の方言地図　徳川宗賢編
2740 日本語の発音はどう変わってきたか　釘貫亨
2493 日本語を翻訳するということ　牧野成一
500 漢字百話　白川静
2213 漢字再入門　阿辻哲次
1755 部首のはなし　阿辻哲次
2534 漢字の字形　落合淳思
2430 謎の漢字　笹原宏之
2363 外国語を学ぶための言語学の考え方　黒田龍之助
1833 ラテン語の世界　小林標
1971 英語の歴史　寺澤盾
2407 英単語の世界　寺澤盾
1533 英語達人列伝　斎藤兆史

2738 英語達人列伝Ⅱ　斎藤兆史
1701 英語達人塾　斎藤兆史
2628 英文法再入門　澤井康佑
2684 中学英語「再」入門　澤井康佑
2637 英語の読み方　北村一真
2797 英語の読み方 リスニング篇　北村一真
2775 英語の発音と綴り　大名力
352 日本の名作　小田切進
2556 日本近代文学入門　堀啓子
2609 現代日本を読む―ノンフィクションの名作・問題作　武田徹
563 幼い子の文学　瀬田貞二
2156 源氏物語の結婚　工藤重矩
2585 徒然草　川平敏文
1798 ギリシア神話　西村賀子
2382 シェイクスピア　河合祥一郎
275 マザー・グースの唄　平野敬一
2716 カラー版 絵画で読む『失われた時を求めて』　吉川一義

2404 ラテンアメリカ文学入門　寺尾隆吉
1790 批評理論入門　廣野由美子
2641 小説読解入門　廣野由美子

中公新書

知的戦略・情報　n1